Gig Economy

어떤 리더가 자신과 조직을 함께 성장시키고 성공으로 이끄는가

긱 이코노미 시대의 리더와 찐팀이 일하는 방식, 협업

이치민 지음

지난 몇 년 동안 전 세계는 4차산업혁명과 디지털 세계로의 전환을 중요한 이슈로 주목했다. 각자의 환경에 최적의 대안을 궁리하고, 나름의 성과를 보이기 시작했다. 그러나 각 나라마다 온도 차이는 컸다.

지난 20개월 코로나19 팬데믹은 '낯선 환경으로의 전환'을 강제로 촉진했다. ICT 최강국인 우리나라의 모습은 전 세계가 주목하는 우수 사례가 되기에 충분했다. 그 어떤 선진국보다 민첩하게 대응해 왔다. 다시 말해 새로운 사회 문제에 공동으로 대응하는 협업을 성공적으로 수행했다. 구성원 모두가 상호 긴밀하게 연결되어 있다는 점을 인식했다. 덕분에 개인과 각 집단의 생존을 고려한 이기적 선택이 아닌, 사회 전체를 고려한 이타적 선택을 한 셈이다.

처음 마음을 모아, 개별적으로 시작된 일들을 통합하고 조정하고, 협력하는 과정을 통해서 '원 팀'으로 일할 수 있었다. 초기에는 각자의 프로세스와 용어, 형식 그리고 전문성을 기반으로 접근했다. 차츰 공통의 목적 아래, 서로의 역할과 합의된 프로세스로 긴밀하게 소통하며 시너지를 발휘할 수 있었다. 우리는 이 과정을 통해 '공통의 열망을 담은 세상을 꿈꿀 때' 기꺼이 협력할 수 있음을 경험했다.

결국 팀을 통해서 새로운 문제를 해결하는 프로젝트를 수행한 것으로 볼 수 있다. 이를 달리 표현하자면, '성공적 협업'의 경험을 갖게 된 것으로 볼 수 있다.

재택 비대면 상황에서도 대부분의 비즈니스는 중단 없이 계속되었다. 사람들은 빠르게 적응했다. 다양한 제품과 서비스를 제공할 수 있는 대안을 지속적으로 궁리했고, 해결책을 내놓았다. 갑자기 방향을 바꾸게 되는 상황에도 민첩하게 바꾸는 '애자일 조직'의 모습을 어렵지 않게 찾을 수 있다. 과거와 다른 새로운 방식이 일상이 되었다.

탁월한 ICT 환경은 시공간을 극복하고 '관심 주제의 전문가'와 쉽게 소통할 수 있도록 도왔다. 디지털 시대의 인재는 더 이상 생산 시설과 장비 등의 인프라에 종속되지 않는다.

원하는 삶의 가치를 선택하되, 자신의 재능을 '경제적 가치'로 거래할 수 있는 다양한 형태의 노동 시장이 마련되었다. 조직도 마찬가지다. 핵심적 부서와 전문 인력을 제외하고, 경계 없이 다양한 개인과 조직을 통해 협력할 수 있는 환경이 도래했다.

문제는 '강한 열망과 좋은 의도'로 시작은 할 수 있지만, 성공과 효율성을 담보하지는 못한다. 각자의 셈법이 다른 주체가 한 배를 타고 팀으로 항해하는 상황을 떠올려 보자. 서로가 필요하다는 수준의 상호의존성은, 관계를 시작하게는 할 수 있지만 높은 수준의 신뢰를 만들지는 못한다.

누군가의 노력이 필요하다. 바로 '협업 팀의 리더'다. 추상적 열망을 구체적인 모습으로 만드는 과정에 남다른 헌신이 요구된다. 특히 팀을 구축하는 과정이 그렇다. 팀워크는 과제 수행의 효과성과 효율성을 담보한다. 리더에게는 신뢰와 명확성의 수준을 높이기 위한 기술이 필요하다.

이 책은 최근 더욱 중요하게 인식되는 협업에 대한 내용을 심도 있게 소개하기 위해 마련되었다. 무엇보다 과거에 오랫동안 알고 있던 고정관념을 해체하는 과정을 통해 '올바른 팀과 협업'에 대한 개념을 제시하고자 했다.

다양한 형태의 협업을 고민하고, 이를 구체적 성공으로 이끌기 위한 '리더의 입장'에서 다루려고 애썼다. 시행착오를 통해서 배우기에는 시간과 기회 비용이 너무 크기 때문에, 이를 아껴줄 수 있을 것이라 확신한다.

기존의 조직개발, 팀 발달, 팀 프로세스, 리더십, 프로젝트 관리, 집단지성, 협업, 시너지 등의 복잡하고 세분화된 '개념의 세계'를 '성공적 협업 수행'이라는 목적 아래 해체하고 재구성했다.

딱딱한 이론보다는 구체적 사례와 유연한 적용에 초점을 두고 상세하게 설명을 반영했다. 이러닝 과정을 함께 개발하며, 보다 충실한 지침으로 활용하도록 쉽게 전개하였다.

그간의 다양한 경험을 정리하는 도구로 활용해도 좋다. 새롭게 프로젝트 리더의 역할을 수행하기 위한 입문서로 활용해도 좋다.

목차

3장 협업의 **성공 요소**는 무엇인가?

4장 협업 **기회**를 발굴하고, **목표**를 설정하는 방법은?

5장 효과적인 **협업 팀**을 구축하는 방법은?

협업 추진 과정의 **주요 이슈**와 **해결 방법**은?

협업 팀의 공통 프로세스 **효율성**을 높이는 방법은?

협업 추진 과정에서 **집단지성**을 이끄는 방법은?

9장

협업 추진 상황별 효과적인 **소통 방법**은?

1장

디지털환경에 적합한 새로운 **협업**의 개념은 무엇인가?

우리는 새로운 기준이 일상이 되는 세상을 맞이했다. 그때는 맞았지만, 지금은 틀린 낯선 상황이다. 전문가들은 이를 '뉴노멀New Normal'이라 부른다. 조직의 입장에서 변화 환경에 적합한 전략과 목표를 수립하기 위해 과거보다 훨씬 민첩하게 움직이게 되었다. 이런 변화 환경을 지칭하는 뷰카VUCA라는 용어도 보편화되었다. 변동성이 높아지고, 불확실성과 복잡성 그리고 모호함이 커진 세상을 의미한다. 왜 이런 세상이 되었을까?

세상의 변화는 늘 있었지만, 정보통신기술ICT 혁명의 초연결이 변화를 가속화했다. 지구상 존재하는 모든 인류에게 시간과 공간, 언어 등의 장벽을 없애 주었다. 디지털기기와 네트워크가 연결된 상황이라면, 전 세계 어디에서 누구와도 일할 수 있게 되었다.

사람들은 고정된 공간인 일터에 구속받지 않고 유목민의 커리어를 갖게 되었다. 이런 사람들을 '디지털노마드Digital Nomad'라고 부른다. 개인의 재능을 거래할 수 있는 다양한 플랫폼이 등장하였기에, 사람들은 좋아하는 생활양식을 추구하며 경제적 활동을 병행할 수 있게 되었다.

심지어 기계와 소통이 가능한 초연결 시대를 맞이하며 자신의 관심 분야를 공유하는 사람들과 손쉽게 연결할 수 있게 되었다. 과거의 조직과 달리 새로운 팀은 공동의 목적

Mega Trend 변화 키워드

뉴노멀	뷰카	디지털 트랜스포메이션	코로나팬데믹
"새로운 기준이 일상화되는 미래" 2000년대 초반 형성된 미국의 버블 경제 이후 새로운 기준이 일상화된 미래를 의미 과거 경제를 좌우하던 규칙들이 무너지고, 새로운 규칙들이 재정립되는 시대	Volatility 변동성 Uncertainty 불확실성 Complexity 복잡성 Ambiguity 모호성	정보통신기술 (ICT) 가상물리시스템 (CPS) 인공지능 AI 기반의 만물초지능혁명	다양한 리스크 발생 강제 조치 강화 비대면 증가 E.H.S 기준/법규 조치 강화

아래 이합집산이 빈번해졌다. 이런 조직을 '긱스gigs조직'이라 하고, 이런 경제를 '긱 이코노미'라 부른다. 달리 보자면, '다양한 형태의 진짜 협업'이 급격히 증가하고 있다.

국립국어원에서는 협업Collaboration, 協業을 '많은 노동자들이 협력하여 계획적으로 노동하는 일'이라고 정의한다. 다른 사전에서는 '협력하는 것' '공동작업' '특히 지적인 노력을 하면서 다른 사람들과 공동으로 또는 함께 일하는 것'으로 설명한다. 비슷하게 정의하고 있지만, 통일된 개념을 찾기란 쉽지 않다. 그러므로 협업에 대한 명확한 개념을 정립하기 위해, 여러 가지 방법을 통해서 알아볼 필요가 있다. 진정한 의미를 알아야 제대로 실행할 수 있기 때문이다.

협업의 개념은 우리 주변에서 쉽게 찾아볼 수 있는 사례의 '공통적인 특징'을 통해 명확하게 파악해 볼 수 있다. 이런 학습 방법이 귀납적인 방법에 해당된다. 예를 들어, 과학 연구 분야와 비즈니스 그리고 엔터테인먼트 분야의 주목할 만한 사례를 통해 협업의 특징들을 발견하는 것이다.

연역적인 방법도 병행하면 이해에 도움이 된다. 이미 익숙하게 활용되고 있는 '인접개념'과의 유사성과 차이점을 찾아보는 것은 효과적인 학습방법이 된다. 예를 들어, '분업'과 '협동' 그리고 '조정' 등의 개념과 비교해 보는 것이다.

같은 맥락에서, 다양한 연구자들이 협업에 대해서 정의하고 있는 특징이 있다면 이를 살펴보는 것도 '타당화'에 효과적이다. 여기에서는 앞선 방법을 통해 우리가 지향하는 협업의 차별적 특징이 무엇인지를 명확히 하는 것에 초점을 두고자 한다.

1

사례를 통해 보는 협업의 개념

첫 번째 사례는 코로나 팬데믹에 대한 대응 활동이다.

2020년 1월 말 신종감염병의 국내 확산을 포착한 방역당국에서는 국가 차원의 TF팀을 조직했다. 감염의 확산을 막기 위해 다양한 방법을 궁리했다. 이 과정에서 다양한 분야의 산업 종사자들이 코로나 대응과 극복을 위해 협업했던 모습이 가장 인상적이다.

공영방송 채널에서는 특집 방송과 주의사항 등을 안내하는 내용을 실시간으로 방영했다. 통신사들은 기존 인프라를 이용해서 해당 지역에 위치하는 시민들에게 재난문자를 실시간으로 발송했다. 정부에서는 감염의 확산과 예방을 위한 마스크의 원활한 공급과 매점매석을 통제하기 위해서, 판매 방식에 대한 엄격한 기준을 재빨리 정립하고 안내했다. 약국에서의 판매 과정에서도 판매 과정의 질서 유지를 위해 현역 군인들까지 지원했다.

특히 마스크 구입을 위해 몇 시간씩 줄 서는 어려움을 해소하기 위해, 익명의 개발자들은 앱을 개발하고 무료로 공유했다. 정부와 약국은 최신 데이터를 공유했고, 시민들은 실시간으로 마스크 개수를 파악할 수 있었다. 이동 약자와 취약계층을 위해 '마스크 무료 나눔 운동'이 자발적으로 일어났다. 자영업자들은 물건과 서비스에 대한 비용을 마스크로 받아서 이를 지원하기도 했다.

병원 관계자들은 감염 여부 진단 시간을 단축하기 위해 검진 방법을 개선했다. 처음에 이틀 걸리던 시간이 2시간 이내로 줄어들더니, 자가검진 도구까지 개발되었다. 게다가 검사 인력의 감염 위험을 최소화하기 위한 방안으로 드라이브스루 시스템도 도입되었다. 이후 시중에는 다양한 생활용품에 안티바이러스 제품들이 속속 등장하기 시작했다.

제약업체들도 재빨리 치료제와 백신 개발 연구에 착수했다. 기존의 오랜 시행착오를 최소화하기 위한 인공지능의 도움으로 빠르게 백신 모델을 최적화했다. 이 과정에서 우리나라를 넘어서 전 지구적인 협의체가 발족되었다. 분야별 전문가들은 임상 연구결과와 우수한 사례를 발굴하고 공유하기 위해 애썼다. 시간과 공간, 언어의 장벽 극복은 각 분야별 전문가들의 적극적인 지원으로 가능해졌다.

요약해 보자면, 정부는 코로나19라는 감염병 확산을 막고 치료를 돕기 위한 공동의 목표 아래, 국가 차원의 컨트롤타워를 구축하여 '리더' 역할을 한 것이다. 특정한 주체 단독으로는 해결할 수 없었기 때문에 의료계와 산업계, 학계 등 각 분야 조직과 개인들의 '고유의 전문성'을 기반으로 한 '자율적/능동적' 참여로 원만한 협업이 이루어졌다고 볼 수 있다. 이 사례에서 알 수 있는 협업의 조건은 공동의 목표, 상호의존성 그리고 고유의 전문성을 바탕으로 이루어진다는 점이다.

두 번째 사례는 과학자들의 협업이다.

인류의 문명은 과학의 발달과 함께했다. 과학의 가장 큰 특징은 '예외 없는 원칙'을 발견하는 것이다. 특정한 현상을 설명하고 이해하는 것으로는 부족하다. 이를 예측하고 통제

할 수 있는 '객관적 지식'이어야 한다.

이런 지향점 때문에 과학자들의 논쟁은 객관적 데이터와 실증 사례를 통해 입증해야 한다. 매우 치열한 과정이다. 전문분야별 학회에서 치열한 논의를 거듭하지만, 이를 통해 정립된 이론과 지식에 대해서는 겸허히 수용한다. 게다가 이를 더욱 발전시키는 것이 자연스러운 모습이다. 뉴턴이 언급한 "거인의 어깨에 서서 세상을 보다."라는 표현이 바로 그것을 의미하는 문장이다. 오랜 세월 선배들의 시행착오 산물인 지식을 토대로, 새로운 발전을 이끌 수 있었다는 고백이다.

그중 대표적인 것이 CERN(세른, Conseil Européenne pour la Recherche Nucléaire)이라 불리는 유럽 입자물리학연구소이다. CERN은 2차 세계대전 직후인 1949년 '한 나라에서는 감당하기 어려운 과학연구를 수행할 수 있는 연구소 설립'의 필요성 아래 구체적인 모습을 갖추게 되었다. 거대한 규모와 인력, 예산이 투입되는 프로젝트인 만큼 유럽의 11개 나라가 참여한 가운데 1952년 초 출범하게 되었다.

출처: https://arts.cern/about

현재 CERN은 스위스 제네바에 위치하며, 전 세계에서 참여한 2,500여 명이 상시근무를 하고 있다. 그 결과 1970년대, 역사상 최초로 힉스입자를 발견하는 등 입자물리학 분야의 놀라운 연구결과를 보여주었다. 빅뱅 당시의 환경을 구축해보면서 최초의 입자를 발견하는 공동연구를 하고 있다. 우리나라 과학자들도 방문 연구에 참여하고 있다. 연구결과는 치매예방과 생명연장 등 기초과학의 다양한 분야에서 인류 번영에 기여하고 있다.

CERN이 인류 번영에 기여한 것 중에 우리가 일상으로 접하고 있는 '인터넷'이 있다는 사실을 아는 분은 별로 없을 것이다. 1990년대 전 세계 물리학자들이 각자 연구 결과를 공유하기 위한 효과적인 소통 채널을 궁리하는 과정에서, WWWWorld Wide Web를 개발하게 되었다. 당시 세계 각국의 실험 연구에 대한 결과 데이터를 문서 또는 팩스로 확인할 수 있었는데, 어렵게 직접 모여서 하는 세미나가 아니라면 구체적으로 이해하기 어려운 수준이었다. 전 세계 다양한 과학자의 바람이었던, 빠르고 정확한 소통을 하기에는 부족함이 많았다.

이에 연구 상황을 실시간 시각적인 정보로 공유하기 위해 영국의 컴퓨터 과학자인 팀 버너스-리Tim Berners-Lee가 세계 최초로 WWW를 개발하기에 이르렀다. 더욱 놀라운 것은, 1994년 CERN에서는 WWW를 전 세계의 공유자원으로 무료 사용할 수 있도록 제공하였다. 만약 CERN에서 기술 사용료를 청구했다면, CERN의 연구소 운영에 필요한 비용 이슈는 사라졌을 것이다. 덕분에 지금 우리는 'CERN이라는 거인의 어깨에 서서' 세상의 다양한 지혜를 활용할 수 있는 '초연결 시대'를 맞이하게 된 셈이다.

인류 전체에 대한 공헌을 목표로 추진한 과학 프로젝트

중에 유명한 사례가 또 하나 있다. 바로 인간게놈프로젝트 Human genome Project다. 전 세계 과학자들이 함께 인간 DNA 염기서열을 해석하는 프로젝트였다. 인류의 암이나 희귀질환 치료를 목적으로 시작되었다. 이 프로젝트 결과는 의학, 약학, 생물학 분야에 크게 기여할 것으로 기대하고 있다. 프로젝트는 초기 15년 계획으로 시작했지만, 생물학과 기술 발전으로 1990년에 시작해서 2003년에 완료되었다. 당초 계획보다 2년이나 일찍 완료되었다.

어느 한 나라에서만 추진했다면 얼마나 오랜 시간이 걸렸을까? 특정 인종과 국가에 국한된 이슈가 아니고, 모든 인류를 위한 '공통의 목적'이 적극적 참여를 이끌었다. 그 결과물이 가져올 '성과와 혜택'에 큰 의미를 부여한 것이다.

요약해 보자면, 인류 공통의 번영을 위한 공동 목표는 다양한 사람들의 지혜를 모으게 했다. 원대한 프로젝트의 추진 과정에서 궁극적인 목표 달성 과정에서도 훌륭한 중간 산출물을 얻을 수 있었다. 무엇보다 '값없이 나눠주는 인류 공헌'의 가치는 오랫동안 칭송을 받기에 충분하지 않을까 한다.

출처: 구찌 스니커즈(https://www.gucci.com/kr/ko/ca/men/mens-shoes/mens-sneakers-c-men-shoes-sneakers)

세 번째 사례는 여러 브랜드의 '협업' 트렌드이다.

세계적인 명품 패션브랜드인 구찌와 스포츠 브랜드인 아디다스가 협업을 통해 출시한 스니커즈 디자인이 큰 인기를 거둔 바 있다. 이는 100년 전통의 명품 브랜드의 중후한 이미지를 넘어, 젊은 세대의 관점을 반영하는 '리버스 멘토링' 프로그램 덕분이라고 설명하고 있다. 회사의 의사결정 과정에 밀레니얼 세대 직원으로 구성된 위원회가 참여해 그들의 의견을 적극 반영한 결과였다. 특히 생명 윤리와 동물 복지에 대한 젊은 세대의 가치관을 반영한 디자인과 제조방식의 전략이 큰 호응을 얻었다. 그 결과 매출과 이익은 최근 몇 년 사이 급증했다. 외부의 다양한 브랜드와 협업을 하게 된 배경도, 내부의 다양한 세대 간 의견을 교환하는 협업 문화 덕분으로 이해할 수 있다.

최근 우리나라에도 주목할 만한 사례가 있었다. 편의점 맥주 브랜드 론칭이다. 곰표 브랜드를 가지고 있는 대한제분과 세븐브로이 맥주의 콜라보로 탄생한 것이다. 실제 유통은 초기에 CU 편의점이 맡았고, 대량 생산은 롯데칠성의 맥주 공장이 담당했다.

전국적인 판매유통 채널을 확보한 CU의 입장에서 매출을 높일 수 있었다. 곰표 대한제분의 경우도 흥행에 대한 후광효과를 톡톡히 누렸다. 게다가 맥주 시장의 점유율이 낮아져 공장의 가동률이 낮았던 롯데칠성의 경우 수익성 개선과 함께 주가상승이라는 이익을 얻을 수 있었다.

이런 성공 경험을 토대로, CU는 말표 구두약을 제조하는 말표산업, 맥주 제조사 스퀴즈브루어리와 협업해 2020년 구두약으로 유명한 '말표' 브랜드를 활용한 흑맥주를 출시했다. 이어 CU는 코리아 브루어스 콜렉티브와 함께 속옷브랜드 BYC로 유명했던 백양 브랜드와 협업한 맥주도 출시했다. 세븐브로이는 의류업체 폴햄POLHAM과 협업을 통해 의류제품도 론칭해서 판매 중에 있다.

출처: 세븐브로이 홈페이지(https://www.sevenbrau.com/collaboration.html#apparel)

요약해 보자면, 협업은 각 기업의 전문성에 대한 인정을 기반으로, 상호의존성을 인식한 가운데 시작했다. 동종 또는 동질 산업의 탁월성보다는, 전혀 다른 영역의 '이종移種'이 결합하여 새로운 것을 만들어 냈다.

지금까지 사례들을 토대로 협업에 대한 몇 가지 공통적인 특징을 뽑아본다면 공동의 목표, 상호의존성, 고유의 전문성, 그리고 서로 다른 이종 간의 결합 등을 들 수 있다.

유사한 개념들을 통해 보는 협업의 개념

협동	경쟁	갈등	교환	강제
인간과 사회의 공통 특징 ①인간의 욕망 ②사회/집단/공동체 ③희소자원의 배분				
동일 목표/대상			서로 다른 목표/대상	
공동의 이익	자신의 이익		공동의 이익	자신의 이익
* 규칙 준수 * 합의 * 주고/받기	* 규칙 준수 * 합의 (일부 협동)	* 규칙 없음 * 상대방을 적으로 간주	* 규칙 준수 * 합의 * 대가 지불 * 주고받기	* 규칙 없음 * 경제적/제도적 * 권위(힘)로 굴복
* 집단 내부 * 계약에 의한 집단	* 입시 경쟁 * 취업 경쟁 * 스포츠게임	승패를 넘어 상대방을 제거/파괴	합리적 인간 (이익 중심)	일방적 힘의 원리

인간의 다양한 사회적 행동 유형을 통해 협업의 특징을 알 수 있다.

협동은 '동일한 목표를 달성하기 위해 여러 사람이 공동으로 노력하는 행동'으로 인류의 역사만큼 오래되었다. 혼자서는 상상할 수 없는 피라미드와 성을 쌓기도 했다. 협동은 목표 달성의 결과를 참여한 구성원들에게 골고루 분배한다는 믿음이 있을 때 이루어진다. 예를 들어 상조회, 품앗이 등이 있다.

경쟁도 '동일한 목표'를 차지하기 위해 상대방 또는 다른 집단과 겨루는 행동이다. 자원이 희소하다는 제약 때문에, 이해 충돌이 발생한다. 경쟁에서 승리하는 쪽에게만 혜택이 주어지기 때문에 '자신의 이익'에 집중한다. 경쟁은 참가자들이 지켜야 하는 규칙이 존재하며, 이를 위반할 경우 제재할 수 있다. 예를 들어 입사시험, 대입시험, 운동시합 등이 있다.

경쟁이 심해지는 경우 '갈등'이 될 수 있다. 갈등은 '이해충돌'이 극심해지는 경우, 상대를 강제로 굴복시키거나 제거하려 한다. 그러므로 공정한 규칙을 준수할 거라는 기대가 사라진 것과 같은 상태이다. 예를 들어 전쟁, 노사분규 등이 있다.

교환이란, 상호작용의 한쪽 당사자가 상대방에게 도움을

주거나 손해를 입히는 경우 상대방이 그에 대한 보상이나 보복을 하는 행위를 말한다. 예를 들어 시장에서 물건을 구매하는 행위, 교통사고 치료비를 지불하는 행위 등이 있다.

강제란, 상대방의 명백한 반대 또는 저항에도 불구하고 다양한 형태의 수단을 동원하여 원하는 것을 이루는 행위를 말한다. 이때 상대방에게 가하는 '힘'은 구체적인 물리력뿐 아니라 지위, 법, 금전 등 다양한 방식으로 행사될 수 있다.

요약해 보면, 협업은 본질적으로 '공동의 목표'를 위해 힘을 합치는 '협동' 행위이다. 그러나 추진 과정에서 다양한 관점의 대립이 심화될 경우, '갈등'이 될 수 있다. 왜냐하면 협업에 참여한 개인 또는 소속 집단의 이익과 충돌되는 상황을 종종 경험하기 때문이다. 그러므로 성공적 협업을 위해서는 '갈등 관리'의 기술이 필요하다.

대립되는 개념으로 많이 소개되는 '분업'을 통해서도 협업의 개념을 이해할 수 있다.

분업Division of labor, 分業은 산업혁명 시대인 18세기 영국 스코틀랜드 출신의 경제학자 애덤 스미스Adam Smith, 1723~1790

가 『국부론』에서 작업의 속도를 높이는 데 매우 효과적인 방법으로 소개했다.

당시 애덤 스미스는 10명의 작업자가 10개의 핀을 각자 생산하던 공정을 18개의 과정으로 나누어서 일하도록 했다. 이를 통해 과거 1인당 하루 20여 개의 핀을 만들던 상황에서 4,800개를 생산하게 되면서 240배에 가까운 생산성을 높일 수 있었다. 이처럼 분업은 한 가지 물건을 만들면서 한 사람이 모든 일을 다하지 않고, 역할을 나누어 여럿이 함께 생산하는 것을 말한다. 생산현장의 제조과정을 여러 단계로 구분하여, 작업자가 잘하는 일에 집중하여 전문성을 높임으로써 보다 효율적으로 생산할 수 있었던 것이다. 실제 그의 주장이 받아들여져 산업시설의 생산성은 매우 높아졌다.

분업을 통한 작업 방식은 제조업 중심의 산업사회 초기에 매우 혁신적인 방법이었다. 이후 1913년 헨리 포드는 컨베이어벨트 시스템 방식을 자동차 공장에 적용했다. 그는 표준화Standard, 전문화Special, 단순화Simple 이렇게 3S를 추구했다. 이는 최적의 프로세스, 다시 말해 '정답'으로 간주되는 방법을 '효율적으로 적용하고 운영'하는 시스템에 한해 적합한 방식이라고 말할 수 있다. 조직 내부에서 진행되는 경우 '기술적 분업'이라 하고, 특화되어 시장에서 거래되는 것을 '사회적 분업'이라고 한다.

요약하자면, 분업은 크게 보면 '공동의 목표 달성'에 참여하는 '협동' 행위로 볼 수 있다. 그러나 개인적 측면으로 보면 '자신에게 주어진 책임만 완수하면 되는 것'으로 오해를 유발하기도 한다. 제조업의 생산공정을 통해서 시작되었고, 고도화되었다.

분업과 협업의 차이점은 무엇일까?

분업은 제품의 생산공정이 세분화 및 표준화가 되어 있는 '제조업'에 적합하다. 반면 협업은 정답이 없고 보다 창의적인 노력이 필요한 '서비스업'에 적합하다. 분업은 독립된 작업으로 진행이 가능하지만, 협업은 공동작업을 해야 한다. 예를 들어, 자동차 제조공장에서의 분업 장면과 오페라 공연 팀의 협업 장면을 떠올려 보면 좋겠다. 오페라 공연 팀의 경우, 공연 시간 내내 함께 힘을 합쳐야 한다.

분업과 협업 모두 '공동의 목표 달성'을 위해서 보다 효율적으로 일하는 방식으로 선택한 것이다. 다만 분업의 경우 '전체 목표 달성'과 상관없이 '자신의 목표 달성'이 가능하다. 궁극적인 측면은 연결되어 있지만, 구체적인 목표는 구분되어 있다. 이처럼 분업으로 일하는 경우 '특정 부분은 최적화'될 수 있지만 '전체는 최적화되지 못한' 경우가 있다. 이를 '사일로 효과'라고 부른다.

구분	분업	협업
사례	자동차 제조 공장, 컴퓨터 조립 공장	스포츠 팀, 오페라 공연 팀
목적	담당 과업에 대한 목표 달성 (궁극적으로는) 공동의 목표 달성	공동의 목표 달성
작업 공정 구분	독립적으로 분리 가능 (측정, 관찰)	명확하게 구분하기 어려움
작업 방식	개별 작업 (단위공정, 별도 공간)	공동 작업 (동시)
	담당 공정에 대한 책임 중시	공동 책임 중시
적합한 상황	제조업 중심 효율, 시간, 양이 중요할 때	서비스업 혁신, 가치, 품질이 중요할 때
	매뉴얼, 정답 있음	정답은 없고, 모범답안이 있음
	동질성	이질성
	동일 작업 반복	창조적 작업, 프로젝트
비용	낮은 비용	높은 비용
자원 공유	없음, 타공정과 경쟁	물적/인적(지식, 아이디어 등) 자원, 협력

과거 제조업과 지식창조서비스업의 구분이 명확했을 때는 비교적 명료하게 구분할 수 있었다. 그러나 산업의 중심은 '서비스업'이 되었고, '만물서비스업'으로 꾸준히 진화하고 있다.

다시 말해, 현장에서는 '협업'과 '분업'이 혼재된 방식으로 진행되는 경우가 늘어가고 있다. 예를 들어 혁신 프로젝트 초기 단계에는 집단지성이 필요한 '협업'에 초점을 두고 진행한다. 이 과정을 통해 무엇What을 어떻게How 할지 명확하게 결정하게 된다. 구체적인 진행 과업은 협업에 참여한 사람들에게 배분한다. 이후에는 해당 전문화된 담당 영역에 분업 형태로 독립적 방식으로 실행한다. 협업과 분업은 동시에 진행될 가능성이 높다. 본래 분업과 협업은 전혀 다른 것이 아니다. 분업은 협업을 바탕으로 한다.

이상에서 살펴본 바와 같이 그 경계를 애써 나눈다면, 일을 시작하는 초기 단계에 다양한 방법에 대해서 '논의하는 미팅'에 양방향 소통을 하는 모습은 '협업'이라고 말할 수 있다. 과거 제조업의 분업에서는 '양방향 논의 과정'보다는 '일방향 할당'이 주된 방식이었다. 특히 '해야 할 일들의 분량'을 중심으로 나누는 경우가 많았다. 그렇기 때문에 원점에서 최적의 방법을 논의하기보다는, 현실적 적용과 소위 '일거리가 늘지 않기를 바라는 방어적 태도'를 취하기도 했다.

협업은 창의성과 집단지성이 필요한 장면에서, 서로의 다양한 생각을 공유하고 더 나은 의사결정을 이끌 필요가 있을 때 효과적인 방법이다. 따라서 협업과 분업을 구분하는 기준 중 하나는 '참여하는 구성원들의 자유토론이 있는지, 집단지성을 발휘하는지'라 할 수 있다.

협업의 미팅이 기존 미팅 방식과 다른 점은 다음과 같다.

첫째, 미팅이 형식적이지 않고 '자발적'이며 '실질적' 논의가 이루어진다. 일방향 소통이 아닌, 참여자 모두 각자의 주장을 자연스럽게 주고받는 과정이 있다. 그래서 보다 훌륭한 집단 의사결정을 이끌 수 있다.

둘째, 담당자를 미리 염두에 두고 '적당한 수준'으로 결정하지 않고, '목표 달성'에 최적의 방법을 원점에서 다양하게 논의한다. 최종적으로 '누가 무엇'을 담당할지에 대해서는 '가장 잘할 수 있는 사람'이 담당하는 방식으로 결정한다.

셋째, 초기에 방향성에 대해 심도 있는 논의를 진행한 만큼, 담당자의 전문성을 최대한 존중하여 '자율성과 권한'을 보장한다.

구분	분업	협업
핵심 차이	형식적 미팅 형식적 팀	실질적 미팅 자발적 팀 (참여, 자발성)
초기 미팅	누가 무엇을 언제까지 해야 할 지를 정하는 것(일의 분량을 형평에 맞게 배분)(방법에 대해서 암묵적 가정, 알아서 그때그때 잘 처리하라!)	문제 정의, 목표 설정, 추진 절차, 방법, 도구, 중간 산출물, 일정 등에 대한 합의!(보다 효과적이고 효율적인 방법에 초점을 두고 토의)(모호함을 명확히- 용어, 양식, 절차)
논의 초점	How	Why - What - How (추진 배경과 필요성, 중요성에 대한 공감)(끝그림에 대한 공유)(이를 위해 필요한 활동)
진행 방식	리더가 주도, 대부분 침묵(의견 제시는 해야 할 일의 증가를 의미)해야 할 사람들이 뻔하므로, 방어적으로 대립할 가능성도 높음 감정적 갈등의 위험이 존재함	다양한 아이디어를 제시, 발언의 책무를 나누어 짐(Disagree But Commit, 반대했지만 따르겠다!)
담당자 배정	일에 대한 소요시간과 난이도를 중심으로 배정	그 일을 가장 잘할 수 있는 사람(경험과 자격, 전문성 보유자)
구성원 태도	수동적, 비자발적	적극적, 자발적 (오너십 발휘가 기대됨)
권한 책임	권한의 집중, 책임의 분산(진척사항에 대한 책임, 비난, 불만)	권한 위임, 책임의 명확화(공동 책임과 개인 책임)(각 단계 또는 마일스톤에 대한 철저한 오너십 - 권한 - 부여)

전문가의 문헌 연구를 통해 유추해보는 협업의 개념

UC버클리대의 한센Hanssen 교수는 그의 책『콜라보레이션』(2011)에서 협업을 다음과 같이 정의했다.

① 각 이해관계자들이,
② 소통과 협력을 통해,
③ 공동의 목표를 달성하고 성과를 창출하는 행동

이를 간결하게 바꾸면 '팀을 통한 업무 수행'을 의미한다.

한국행정연구원은 2016년 연구보고서에서 협업을 다음과 같이 정의했다.

① 복수 참여자의 관계에서,

② 의사결정 과정을 거쳐,

③ 공동의 목표를 달성하기 위해,

④ 참여자 간의 자원과 인력, 보상을 공유하는 조직적 관계이자 프로세스

즉 다수의 참여자가 공동의 목표를 달성하기 위해 의사결정 과정을 통해 자원과 인력, 보상을 공유하는 조직적인 프로세스 관계라고 할 수 있다. 결국 앞서 살펴보았던 한센 교수의 정의와 같이, '팀을 통한 업무 수행'을 의미한다.

기존의 연구 결과를 보면, 협업 과정의 상호작용 수준에 주목한다. 협업을 위해 자원을 공유하는 수준과 의사결정 과정에 대한 참여 수준에 주목한다. 참여수준은, 협업에 참여하는 주체들이 '공유하고 있는 자원의 범위'와 '협업의 강도' 수준에 따라 구분해 볼 수 있다. 이를 바탕으로 협업의 수준을 오른쪽 표와 같이 3단계로 구분할 수 있다.

협업에 대한 사례와 유사 개념과의 비교 그리고 문헌 연구를 바탕으로 '협업의 의미'를 파악해 보았다. 이를 바탕으로 현대사회에 적합한 협업의 바람직한 모습이 무엇인지 알

아보겠다.

<공유하는 자원과 협업의 강도에 따른 협업 유형 분류>

공유하는 자원과 협업의 강도	내용	영향
높은 수준	재무적인 자원 공유 상호작용의 강도가 높음 상시적인 정보 교환 발생	조직 역량 향상 + 협업 문제와 관련된 모든 공동체와의 협업 증진
중간 수준	재무적인 자원 공유 상호작용의 강도가 중간 상시적인 정보 교환 발생	조직 역량 향상
낮은 수준	재무적인 자원 공유 상호작용의 강도가 낮고 일시적임	조직 역량 향상

출처: 한국행정연구원, (2016), KIPA 연구보고서: 20

우리가 알고 있던 협업과 팀은 진짜가 아니었다

앞서 소개한 것처럼 단순히 공동으로 일을 하거나 업무를 분배한다고 해서 협업이라고 할 수 없다. 게다가 현대 사회는 가늠할 수 없을 정도로 빠르게 변화하며, 고용시장 또한 급변하고 있기 때문에 기존의 협업과는 전혀 다른 협업의 개념이 필요하다. 따라서 오늘날까지 협업으로 잘못 알고 행하던 행위를 바로잡아야 한다. 대표적으로 어떤 것들이 있을까?

협업은 적당히 타협하는 것이 아니다.

한국 사회의 집단 속에서 의사결정을 하는 심리는 '회피동기'가 근간이 되어 있다. 즉 '욕먹지 않기 위해서, 실패하지 않기 위해서' 조심스럽게, 기본만 하자는 방식으로 의사결정을 한다. 이는 최선의 결정이 아니라 "적절한 타협 수준"으로 정리를 하는 경우가 지배적임을 잘 설명한다.

협업은 단순히 업무를 분장하는 것이 아니다.

누가 무엇을 해야 할지를 미리 결정하지 말고, 공동의 목표를 효과적으로 달성하기 위한 최선의 방법이 무엇인지를 먼저 고민해야 한다. '집단지성'이야말로 협업에 있어서 가장 중요한 것임을 잊지 말아야 한다. 실제 미국의 실리콘밸리 기업들이 다양한 의견을 논의할 수 있는 배경이 여기에 있다. 게다가 우리나라는 의견을 제시한 사람에게 책임이 가는 분위기라 대부분의 사람들이 침묵하는 것도 협업이 되지 않는 하나의 이유로 볼 수 있다.

협업에서 정보의 공유는 빠르게 이루어져야 한다.

협업에 있어 정보는 매우 중요한 자원이다. 요즘과 같이 빠르게 변화하는 사회에서는 알고 있는 데이터나 정보가 바뀔 가능성이 상당히 크다. 항상 변화환경에 주의를 기울이고, 변화를 캐치했다면 팀에 빠르게 공유할 수 있어야 한다.

협업에는 상대방의 전문성에 대한 신뢰를 바탕으로 자발적으로 돕는 조직시민행동이 있다.

협업은 동질성을 가진 사람들이 모여서 함께 일하는 것을 의미하지 않다. 서로 다른 배경의 '이질성'이 있어 더욱 매력적이다. '서로 부족한 결핍'을 채워줄 수 있다고 믿기 때문에 '상호의존성'을 기반으로 한다. 이런 태도는 '상대방의 전문성을 공식적으로 인정'하는 것으로 드러난다. 이를 바탕으로 팀의 성공을 위해 자발적으로 돕고 적극적으로 참여하는 '조직시민행동'이 발현된다.

위계적 조직에서 수평적 조직으로 바뀌어야 한다.

우리 사회의 1990년대 팀제 확산은 기존 조직 구조의 명칭 수준의 변화가 전부였다. 이후 오랜 시간이 지났지만 여전히 위계적 구조의 모습이 보편적이다. 리더가 이끌고 구성원은 따른다는 관점으로는 '자발성'을 이끌어 낼 수 없다. '리더가 모든 것을 알 수 있는 시대'는 끝났다. 전문성과 자발성을 갖춘 구성원의 자율성과 책임이 중요하다. 구성원 스스로 책임져야 하는 것이 무엇인지 '명확히 정의'되어야 한다. 이에 상응하는 '권한'도 명시되어야 한다. 권위에 의한 의사결정에서, 위임과 합의에 의한 의사결정이 이루어지도록 변화되어야 한다.

2장

협업이 주목받는 이유는?

우리는 학문의 연구를 하기 위함이 아니라, 협업에 대한 이해를 높이기 위한 여정에 있음을 다시 한번 강조하고 싶다. 이 책에서는 기존에 수행하던 협력적 모든 활동과의 공통점과 차이점을 반영하여 협업의 특징을 정리하고자 한다.

이를 간결하게 '찐팀이 일하는 방식'으로 정의하고 싶다.

단순히 형식적으로 모인 팀이 아니라, 최선의 결과를 위해 능동적으로 움직이는 찐팀이 일하는 방식이 바로 협업이다.

본 장에서는 이미 오래전부터 '협업'을 추구해왔던 이유가 무엇인지를 살펴보고, 최근 더욱 강조된 배경을 살펴보고자 한다. 특히 경쟁 환경과 일터 환경의 변화와 연계하여 그 이유를 밝히고자 한다.

1

협업은 인류 발달과 함께 이어온 공통의 문화

불완전한 인간은 '집단생활'을 통해 환경에 적응해왔다.

아주 오래전 현생인류인 호모사피엔스의 역사는 이를 잘 설명해 준다. 수렵과 채집을 중심으로 이동 생활을 했던 과거에서, 목축과 농업을 통해 집단을 이루어 정착 생활을 해왔다. 각 인종과 국가별로 다양하게 발달했지만, 공통적으로 '협업'을 통하지 않고는 '환경에 적응'할 수 없다는 점을 뿌리 깊이 공유하고 있다.

상대방이 자신의 결핍과 취약점을 채워줄 수 있다는 '상호의존성' 덕분이다.

테레사 수녀는 "나는 당신이 할 수 없는 일을 할 수 있고, 당신은 내가 할 수 없는 일들을 할 수 있다."라고 말했다. 누구에게나 결핍과 한계가 존재한다는 의미와 더불어, 각자가 가진 고유의 강점과 전문성으로 누군가에게 도움을 제공할 수 있다는 점을 알려준다. 다시 말해, 자신의 한계를 인식하게 될 때 타인의 가치를 더욱 중요하게 인식하게 되는 셈이다. 이런 관점이 상호의존성을 높여준다. 공동의 목표달성을 위해서는 서로의 장점을 기반으로 도움을 주고받는 과정이 효과적인 전략이 되었다.

협업이 제공해주는 혜택은 생각보다 많다.

첫째, 협업은 혼자서는 절대로 할 수 없는 일들을 가능하도록 도와준다.

예를 들어, 거대한 건축물을 만들고 댐을 건설한 사례를 들 수 있다. 혼자의 힘으로는 불가능하지만, 다양한 사람이 힘과 지혜를 모아 가능했다.

둘째, 비용과 리스크를 절감해준다.

예를 들어, 바나나 농장 수확물들의 보관과 물류 그리고 판매를 위한 회사를 만든다고 하자. 막대한 투자가 필요한 설비와 장비를 구입해야 하는데, 성공 여부는 낮다고 생각해보라. 누가 선뜻 나서서 추진할 수 있을까? 농업협동조합과 같은 조직의 구성원들이 각자 일부를 분담한다면 적은 비용으로도 가능하다. 게다가 운영관리에 전문성이 있는 사람이 책임지게 함으로써, 다양한 리스크를 최소화할 수 있다.

셋째, 자신의 전문 분야에 선택하고 집중하도록 돕는다.

모든 분야에 시간과 노력을 투입한다고 높은 수준의 결과를 기대할 수 있는 것은 아니다. 협업을 통해 자신의 자원을 '선택하고 집중'할 수 있다. 본래의 관심과 경험을 기반으로 '전문성'을 더욱 견고하게 만들어 경쟁력을 갖출 수 있도록 도와준다.

넷째, 협업은 새로운 성장 기회를 제공한다.

예를 들어, 전략적 제휴과정을 통해서 협업 파트너가 보유하고 있던 기존의 시장과 고객에 손쉽게 접근할 수 있다. 더불어 일하는 방법과 인접 영역에 대한 새로운 관점을 학습할 수 있는 기회가 된다. 낯선 파트너와 협업하는 과정에서 습득하는 '협업 스킬'은 이후의 협업을 더욱 쉽고 성공적으로 이끌 수 있는 밑거름이 된다.

2

새로운 문제해결 방식의 필요성 대두

기존의 지식과 매뉴얼로 해결할 수 없는 세상이 도래했다. 환경 변화는 급속하게 이루어지고 있지만, 매뉴얼과 가이드라인은 과거에 머물러 있는 경우가 적지 않다. 변화하는 현실의 이슈를 담고 있는 내용이 부족하기 때문에 실효성이 낮아졌다. 예를 들어, 회사의 고객 클레임을 처리하는 프로세스가 마련된 것은 2년 전이지만 관련 법규가 변경된 것은 최근이다. 내부 교육과 품질관리를 위한 매뉴얼로 최근까지 활용해왔지만, 더 이상 적용하기 어렵게 된 것이다.

이와 관련된 개념이 '지식의 반감기'이다. 미국의 경제학자 프리츠 마흐럽Fritz Machlup이 소개한 개념으로, 한 분야의 지식 절반이 쓸모없는 것으로 바뀌는 데 걸리는 시간을 말한다. 이는, 과거 진실로 여겨졌던 지식에 허점이나 오류가 발견되거나 새로운 지식의 등장 등으로 기존 지식의 유용성이 절반으로 줄어드는 데 소요되는 기간을 말한다.

중요한 시사점은, '지식의 반감기'가 더욱 짧아지고 있다는 점이다. 바꾸어 말하자면, '지식의 효용이 매우 빠르게 사라져 버린다'는 의미다.

또한 낯선 유형의 문제들이 급증하고 있다. 외부 환경의 변화 속도가 빨라지면서, 과거의 지식과 경험으로 해결되지 않는 문제들이 급격히 증가하고 있다. 이런 문제들의 특징을 3가지로 나누어 볼 수 있다.

첫째, 예외적인 상황이다.

소수의 리더와 전문가들조차 '한 번도 경험이 없는 상황'이 발생하기 때문이다. 예를 들어, 코로나 팬데믹 상황을 떠올려보면 좋겠다. 치료제나 백신이 개발되지 않은 신종 전염병이 발생했을 때 일터와 학교 등 다양한 집단에서 어떻게 대응해야 할지 기준과 매뉴얼이 없었다. 과거 사스와 메르스 감염병에 대한 경험이 일부 있기는 했다. 그러나 감염병의 속도와 증상의 심각성이 달랐고, 글로벌 차원에서도 국경을 봉쇄하는 등 초유의 상황이 발생했기 때문이다. 우리나라는 코로나 상황에서 선거도 치렀다. 팬데믹 상황에서 한 번도 경험이 없던 공무원 채용 시험과 수능 시험을 치르기도 했다.

둘째, 비정형적인 상황이다.

과거에 운영하던 기준과 프로세스를 통해서 해결이 어려운 상황이다. 어디에도 적용하기 어려운 형태의 것들이 출현한다. 예를 들어, 비트코인과 기타 코인으로 통칭되는 알트코인 시장이 급증했다. 우후죽순으로 코인 플랫폼이 늘어났고, 사기 또는 피해 사례도 급증했다. 이는 기존의 개념으로 볼 때 화폐로 분류하기 어려운 유형이다. 그러므로 금융당국의 통제 또는 개입을 위해서는 '새로운 개념 정의'가 필요했다. 어떤 법령을 근거로 조치를 해야 할지도 고민스러운 상황이 연출된 셈이다. 새로운 형태의 제품과 서비스 등을 정의하고 포함할 수 있는 새로운 기준과 프로세스가 필요해졌다.

셋째, 복합적인 상황이다.

하나의 솔루션 또는 전문지식으로는 해결이 불가한 경우

가 증가했다. 예를 들어, 부동산시장의 폭등 현상을 해결하기 위해 부동산 정책 시행으로는 부족했다. 시장에 통화량이 증가하고, 자산시장이 일제히 급등하는 현상과 겹쳐졌기 때문이다. 코로나 팬데믹 때문에 저금리와 경기부양을 위한 재난지원금 지급이 이루어졌다. 임대차보호법을 좋은 의도로 개선했지만, 재산권 행사의 어려움을 호소하는 사람들이 많아졌고, 전세 가격을 급등시키는 역효과가 유발되기도 했다. 여기에 불안한 심리로 발생한 '영끌'과 '빚투' 현상이 부동산 시장 혼동을 견인하게 되었다. 부동산 시장의 안정을 위한 정책이, 특정 부서의 접근으로는 도저히 해결이 어려운 상황이 되어버린 셈이다.

게다가 환경과 안전 등 인류 전체의 생존과 관련된 이슈들이 증가하고 있다. 어느 한 나라의 노력만으로는 해결하기 어려운 상황이다. 예를 들어, 지구라는 인류 모두의 유산을 잘 활용하고 물려주기 위해 국제적 협약과 기구의 협업이 더욱 증가하였다. 구체적으로 탄소배출량을 줄이고 신재생에너지의 비중을 높이기 위해서, 국가 간 협약을 맺고 단계적으로 과징금을 부담하는 등의 다양한 조치를 실행 중에 있다.

이처럼 낯선 문제들이 급증하고 있기 때문에, 다양한 분야의 전문가들이 힘을 합쳐 해결하는 '협업'이 더욱 필요하게 되었다. 다양한 집단의 리더 입장에서 생각해보면, '중요한 의사결정 상황'이 급증했기 때문에 협업이 더욱 필요한 셈이다.

3

협업을 촉진하는 환경의 조성

ICT 발달은 산업구조와 일하는 방식의 변화를 이끌었다. 모든 유용한 정보와 지식은, 자연과 사회의 현상에 대한 예측 가능성을 높이는 데 유용하다. 이를 축적하고, 효과적으로 공유 전파하기 위한 ICT 기술은 놀라운 변화를 이끌었다.

첫째, 산업의 구조가 '만물서비스'업으로 진화하고 있다.

우리 사회는 이미 '서비스 산업'의 비중이 종사자 기준으로 70%에 달하며, 부가가치를 기준으로 볼 때는 60%를 차지하고 있다. 기획재정부에서는 서비스 산업을 크게 외식, 숙박, 관광, 운수, 유통, 통신, 금융, 교육, IT서비스, 문화 등으로 분류한다. 대부분 '인간의 욕망'에 직접적으로 연결되어 있다. 대량 생산하는 제품이 아닌 서비스는 고객에게 맞춤 서비스를 제공하기 위해 꾸준히 발달하고 있다. 현재의 서비스 산업의 비중과 가치는 더욱 성장할 가능성이 있다. 게다가 기존의 다양한 서비스가 빅데이터와 플랫폼을 중심으로 새롭게 융합되고 업그레이드 되고 있다. 전통적인 제조업의 경우도 디지털 세계로의 전환을 가치로 '디지털 트랜스포메이션DT' 전략을 실행 중에 있다. 이러한 산업구조는 '유연하게 협업'하는 데 용이하다. 고정된 설비와 고가의 장비가 필요하지 않은 경우가 많다. 고객의 까다로운 요구에 대한 맞춤 서비스를 통합적으로 제공할 수 있기 때문에, '다양한 협업'을 증가시켰다.

둘째, 새로운 가치를 창출해야 하는 시대가 도래하였다.

ICT 발달은 단순하고 정형적인 일들을 로봇과 인공지능이 대체하도록 만들었다. 특히 도입에 필요한 비용이 빠르게 낮아지면서 더욱 확대되었다. 예를 들어, 키오스크 도입이 급증했고 주문을 받기 위한 직원을 별도로 고용하지 않고 있다. 대형 건물이나 주차시설을 보면, 자동주차관리 시스템이 자리하고 있다. 주차할 수 있는 공간의 규모도 구체적인 숫자로 알려주고, 빈 공간도 초록색 불빛으로 친절하게 가이드하고 있다. 주차비 정산을 위해 카드 쿠폰이나 비용 결제를 위한 과정도 모두 모바일과 무인시스템으로 바뀌었다.

바꾸어 말하자면, 일터와 직무에서 '더 나은 가치' 또는 '새로운 가치'를 창출하지 못하는 단순하고 정형적이며 반복적인 직무는 빠른 시일 내로 사라질 가능성이 높다. 과거에는 '치킨게임'처럼 대량생산을 위한 설비투자를 통해 원가경쟁력을 높이는 것이 주된 경쟁 전략이었다. 기존의 방식으로는 더 이상 가치를 높이거나 창출하기 어려운 상황이다. 운영 측면의 효율로는 승부수를 던질 수 없는 상황이 되었다. 그러므로 기존의 영역 또는 동질성 기반의 방식에서 새로운 영역의 이질적인 분야와의 협업을 통한 '가치 창출 활동'은 더욱 증가되고 있다.

셋째, 협업이 장려되고, 쉽게 추진할 수 있는 환경이 마련되었다.

과거 중요한 정보에 대한 접근 가능성이 낮았을 때는, 우리에게 필요한 훌륭한 전문성 또는 자원을 보유한 잠재적인 파트너를 찾기가 어려웠다. ICT 발달은 시간과 거리, 언어 등의 대부분 장벽을 말끔히 없애 주었다. 덕분에 전 세계의 분야별 전문성을 갖춘 개인과 집단이 '연결'될 수 있는 상황이 마련되었다.

게다가 우리 정부를 비롯해 전 세계적으로 다양한 조직에서 '협업'에 대한 관심과 지원이 대폭 증가하였다. 국내의 경우, 정부 및 공공기관의 공식적인 목표에 '협업 인프라 제공 및 기회 확대'가 반영된 경우를 어렵지 않게 찾아볼 수 있다.

출처: 행정안전부 협업이음터(https://www.mof.go.kr/article/view.do?articleKey=38515&boardKey=17&menuKey=383¤tPageNo=1)

구체적으로 중소기업 또는 스타트업의 성장과 발전을 위해 공동의 설비와 장비 등의 자원을 제공하고 협업을 촉진하는 세제 혜택 등의 조치가 증가하였다. 산학 연계형 프로그램을 통해서 학업을 넘어 취업으로 자연스럽게 연결 짓는 프로그램도 확대되었다. 청년일자리, 일 학습 병행 제도 등을 통해서 학생들에게는 현장의 경험을 제공하고, 기업에는 훌륭한 인재를 활용할 수 있도록 혜택을 제공하고 있다.

민간부문에서도 공동의 이익을 목적으로 다양한 조직이 증가하고 있다. 각 산업 또는 업종별로 협의체 또는 협회, 협동조합 등을 구축해서 집단의 공동 이익을 도모하기 위한 협업 사례는 쉽게 찾아볼 수 있다. 예를 들어, 한국요식업중앙회, 소상공인연합회, ○○노동자연합, ○○산업협회, ○○전문가협회 등이 있다.

이런 사례들은 '협력과 상생'이라는 사회적 가치가 보편화되었다는 증거이기도 한다. 요약하자면, 과거 어느 때보다 '협업'이 쉬워졌다.

넷째, 협업은 자율성과 책임을 추구하는 새로운 가치에 부합한다.

인류의 역사는 '자율성 실현의 과정'으로 요약할 수 있다.

권력과 정보를 독점하던 사회에서 다수에게 배분되는 해체의 과정으로 볼 수 있다. ICT 발달은 80년대 이후 출생한 밀레니얼 세대와 90년대 이후 출생한 Z세대의 '자율성'에 대한 욕구를 실현하도록 도와준 셈이다. 디지털기기와 네트워크가 연결된 곳이라면, 전 세계 어디든지 약속된 '성과'를 만들어 낼 수 있는 시대가 도래하였다.

MZ세대는 어린 시절부터 디지털환경에 익숙하게 자라왔기 때문에, 기존 세대와는 다른 생활양식과 가치관을 갖고 있다. 그들은 주어진 환경에 충실히 적응하기보다는, 자신의 개성과 관심사를 기반으로 적극적으로 참여하는 것을 추구한다. 예를 들어, 최근 홍대 버스킹이 유행이었다. 평소 음악을 하는 사람들끼리 정보를 교환하는 온라인 카페에 한 사람이 거리 공연에 대한 제안을 한다. 얼마 후 카페의 익명의 다수 회원 중에 관심이 있는 사람들이 연락을 해온다. 그렇게 개성과 전문성이 다른 사람들이 임시 밴드를 조직해서 공연을 추진한다. 공연을 위해 연습과 몇 번의 만남은 있지만, 본래 약속한 목표 달성 후 자연스럽게 자신의 일상으로 흩어지곤 한다. 공통의 목표에 공감하는 사람들이 자발적으로 모여서, 각자의 전문성을 발휘해서 훌륭한 공연이라는 프로젝트를 완료한 셈이다. 이런 형식의 밴드를 '긱스gigs 밴드'라고 부른다. Gig이라는 말은 '클럽에서 재즈를 연주하는 것'을 의미한다. 이를 반영해 보면, 특정한 공연을 목적으로 만들어진 프로젝트 밴드로 이해할 수 있다.

실제 긱스 밴드도 있었다. 1999년 보컬 이적, 베이스 정재일, 기타 한상원, 건반 정원영 등이 만나 앨범 작업을 했던 프로젝트 밴드다. 총 2집까지의 앨범을 내고, 잠정적으로 해체하고, 이후 각자의 음악성을 살리는 길을 걷고 있다. 같은 맥락의 프로젝트 밴드는 이미 25년 전부터 있었다. 얼굴 없는 가수 토이의 유희열은 객원가수를 영입해 음반을 냈다. 가수 김동률과 이적이 함께 조직했던 카니발도 있었다. 가수 김동률과 이상순이 함께했던 '베란다프로젝트'도 같은 사례이다.

이런 형태의 조직을 '긱스 조직'이라고 부른다. 포브스forbes는 2016년 일터 트렌드 변화 중 긱스를 소개한 바 있다. 전통적인 일터의 개념 속에 고정된 직무Job가 단발성 프로젝트 방식의 긱스로 대체되는 경제를 '긱 이코노미'라고 부른다.

실제 플랫폼을 통해 단순한 노동력을 교환하거나 자산을 공유하는 서비스를 제공하는 다양한 일자리가 급증했다. 변호사와 컨설턴트 등 다양한 분야로 확대되고 있다. 크몽과 탈잉은 '전문성과 용역'을 거래할 수 있는 대표적인 플랫폼으로 자리 잡았다. 국내 유수의 대기업도 핵심 기능을 제외한 다양한 부서에서 외부 전문가 집단과 긴밀하게 협업하고 있다. 자문위원, 컨설팅, 코칭, 운영위탁 등 그 범위는 확대되고 형태도 다양해지고 있다.

이처럼 협업은 인간 본성에 적합한 '사회적 상호작용'으로 오랫동안 이어져 왔다. 특히 ICT 환경과 새로운 형태의 조직 출현은 협업을 더욱 촉진하는 환경을 조성하였다. 정답이 없는 시대, 이종 교배를 통한 창의적인 가치를 창출하기 위한 '협업'은 '선택 사항'이 아닌 '필수 사항'이 되었다.

3장

협업의 **성공 요소**는 무엇인가?

협업은 '찐팀의 프로젝트' 상황에서 이루어진다. 구체적으로 살펴보면, 상호 전문성을 기반으로 공동의 목표 달성이라는 열망으로 구성된 팀을 의미한다. 상위 조직의 지시와 명령에 의한 경우도 있지만, 자발적인 시작을 추구한다. 기존의 운영적 효율보다는 새로운 혁신적 가치 창출에 초점을 둔다.

협업 팀의 구성원 모두는 분야별 전문성을 갖고 있는 상호의존적인 관계이다. 상호 신뢰와 존중을 바탕으로 수평적인 관계를 지향한다. 서로의 역할에 따라, 손쉬운 방법으로 추진 방법을 정하지 않는다. 집단지성이 발현될 수 있는 자유토론을 바탕으로 최선의 방법을 결정하고, 가장 잘할 수 있는 구성원이 실행을 담당하도록 의사결정을 한다.

담당 역할과 분야에 대해서는 위임된 권한을 바탕으로 스스로 판단하고 자율적으로 실행하되, 결과에 대해서는 엄중한 책임을 지게 된다. 추진 과정에서 긴밀한 양방향 수시 소통을 지향한다. 외부의 환경 변화에 대한 정보를 공유하고, 각자의 암묵적 경험을 협업 팀의 형식 지식과 자산으로 구성한다.

협업 팀이 성공했다는 것은 해크먼Hackman(1987)에 따르면 크게 3가지를 달성했음을 의미한다.(Hackman, J. Richard. "The design of work teams". 『Handbook of Organizational Behavior』:315–42.)

첫째, 팀이 수립한 목표를 달성했음을 의미한다.
둘째, 협업 팀 구성원들이 만족했음을 의미한다.
셋째, 협업 팀의 일하는 방식인 프로세스가 향상되었음을 의미한다.

이번 장에서는 다양한 문헌 연구에서 도출한 '협업의 성공 요소'와 '성공적인 팀의 핵심 성공 요소'를 살펴보고, 공통적인 요소를 도출하고자 한다.

1

협업 만능주의를 경계하라

최근 사회적 분위기를 살펴보면 협업이라는 가치에 대해 반대하는 경우를 찾기 어렵다. 모두가 협업의 중요성에 깊이 공감하고 있다는 점은 반가운 상황이 분명하다. 그러나 '모든 상황에 협업이 효과적'이라는 점은 비판적으로 접근할 필요가 있다. 왜냐하면 협업에는 '소통의 비용'과 '잠재적 갈등과 대립의 리스크'가 있기 때문이다. 예를 들어, 특정 과제의 속성을 살펴봤을 때 '담당자 또는 관련 부서'의 독립적 수행이 효과적인 경우가 있다.

막연히 '협업'으로 추진해야 하기 때문에 '불필요한 미팅'과 '절차'를 겪는 경우와는 구분해야 한다. 이를 '과잉 협업'이라 볼 수 있다. 과잉 협업의 판단 기준은 간단한다. 협업을 통해 프로젝트를 추진하는 기대이익과 예상되는 비용인 기회비용과 협업비용을 차감했을 때 이득이 남아야 한다.

조직 차원에서 협업이라고 부르지만, 특정 부서의 자원만 요청하는 경우는 우리가 지향하는 협업으로 보기 어렵다. 예를 들어, 해당 조직에서도 충분히 수행이 가능한 사안임에도 불구하고, 예산과 인력 부족 때문에 타부서의 도움을 조달하는 것이다. 이런 사례는 업무 지원 또는 예산 지원 등으로 낮은 수준의 '업무 협조'로 분류하는 것이 바람직하다. 왜냐하면, '성공적 추진을 위한 다양한 의견 교환과 적극적 참여'가 필요 없기 때문이다.

2

찐팀의 성공 요소에서 배워라

작업 집단의 생산성에 대한 연구는 이미 100년 이상 오랜 역사를 갖고 있다. 과학적 합리적 관리 방식으로 소개되었던 테일러리즘과 포디즘이 바로 그것이다. 보상과 작업 방식 등을 통해서 생산성을 높일 수 있었지만, 한계가 있었다. 이후 등장한 이론이 '인간관계론'이다. 1930년 전후 미국 하버드대 메이요 교수가 중심이 되어, 시카고에 위치한 서부전기회사의 호손공장에서 실험을 통해 확인했다. 연구 결과 인간관계, 즉 구성원들의 비공식적인 관계가 매우 중요함이 드러났다. 물리적 조건이나 보상도 필요하지만, 심리적 특성이 더욱 중요하다는 점을 잘 설명한다.

전 세계적으로 주목받는 구글과 마이크로소프트의 연구 결과는 이를 다시 입증하는 듯하다. 구체적인 내용을 살펴보며 시사점을 나누고자 한다.

먼저 구글의 아리스토텔레스 프로젝트의 결과에서 시사점을 찾아보자. 오늘날 전 세계인을 대상으로 다양한 비즈니스를 성공적으로 운영하는 빅테크 기업 중 가장 인지도가 높은 곳이 구글이라는 사실에 반대할 사람은 없다. 창업 후 매우 빠른 속도로 놀라운 성과를 내고 있는 구글에서는 생산성과 리더십에 대한 다양한 연구를 진행해왔다.

'아리스토텔레스 프로젝트'는 높은 성과를 내고 있는 팀들의 성공 요인을 밝히기 위해 2012년부터 2015년까지 진행된 연구였다. 프로젝트의 결과에는 기존에 다수가 갖고 있었던 일반적이고 상식적인 요소들이 많이 누락되어 있었다. 예를 들어, 탁월한 역량을 지닌 멤버, 팀의 구조, 팀의 다양성, 팀이 함께한 시간 등은 성공 요소에 없다. 연구 결과 총 5가지의 요인이 도출되었다.

첫째는 '심리적 안전감'이었다. 다른 의견을 표현하거나, 새로운 시도를 해도 안전하다는 확신이 가장 중요한 요인이었다.

둘째는 '팀원 상호 간의 신뢰'였다. 서로 전문성을 바탕으로 최선을 다할 것이라는 굳은 믿음이 있었다. 최고의 전문가들이 팀을 이루고 있다는 동료에 대한 '상호의존성'과 비슷한 맥락으로 이해해도 좋다.

셋째는 '명확한 역할과 책임'이었다. 팀원들은 각자의 역할과 목표 등을 명확하게 인지하고 있었다.

넷째는 '일에 대한 의미 부여'였다. 팀원들은 자신이 하고 있는 일에 대해 각자의 의미를 부여했다. 임금과 근로를 교환하는 거래적 관계를 넘어서, 의미를 부여함으로써 일의 가치를 높였다.

다섯째는 '기여도에 대한 인식'이 높았다. 자신이 담당하는 일이 팀 성과와 조직의 발전에 중요한 역할을 한다는 믿음이 있었다.

서양의 계약 중심의 경쟁이 가장 심화된 조직에서, '신뢰와 믿음' 등의 심리적이고 추상적인 가치가 가장 중요한 성공 요소로 나타났다. 기존의 상식과는 다른 결과가 아닐까 싶다. 한편, 우리나라의 고맥락적 관점에서 과거 지향했던 조직의 바람직한 방향과 많이 닮아 있다는 점이 긍정적인 부분이라 생각한다. 급격히 서구화가 되면서 우리의 일터에

영향 요인	세부 내용
심리적 안전감 (Psychological safety)	팀원들이 자신의 생각을 두려움 없이 이야기할 수 있고, 더 좋은 성과를 위하여 위험을 감수해도 괜찮다는 믿음을 갖고 있다.
팀원 상호 신뢰 (Dependability)	팀원들이 맡은 바 역할과 업무를 주어진 시간 내에 달성하기 위해 최선을 다하며 구글이 설정한 높은 수준의 목표를 달성하기 위해 상호 노력하고 있다고 믿는다.
명확한 역할과 책임 (Structure & Clarity)	팀원들에게 역할이 무엇인지를 명확하게 알려주고, 이를 바탕으로 계획과 목표를 투명하고 확실하게 공유했다.
일에 대한 의미 부여 (Meaning)	자신이 하는 업무에 중요한 의미를 부여하고 목적의식을 바탕으로 열정을 가지고 일하는 경향이 강했다. 단순히 '먹고살기 위해서'가 아니라 '자아실현에 기여한다는 생각'을 하면서 근무한다.
기여도에 대한 인식 (Impact)	팀원들은 자신이 하는 업무가 팀 성과를 높이고 조직이 발전하는 데 중요한 역할을 한다는 믿음을 가지고 있다.

출처: https://rework.withgoogle.com/print/guides/5721312655835136/

저맥락 문화가 확대되고 있지만, 전통적으로 우리의 강점에 대해서는 보존이 필요하다는 점을 새삼 확인할 수 있다.

추가로 살펴보고자 하는 내용은 마이크로소프트의 연구 결과이다. 마이크로소프트는 2015년경 기존의 경쟁 지향적 조직 운영을 중단한 이후 실적과 주가가 지속적으로 상승하고 있다.

마이크로소프트는 미국의 디자인 이노베이션 기업인 아이디오IDEO와 함께 뛰어난 성과를 내는 팀의 공통점에 대한 연구를 실시했다. 이 연구는 우주 비행사, 셰프, 텔레비전 PD, 간호사와 같이 다양한 조직을 대상으로 이루어졌다. 그 결과 2019년 성공하는 팀들은 다음과 같은 다섯 가지 특징을 공유한다는 사실을 발표했다.

첫째, 팀의 목적이 명확하고 한 방향으로 집중했다. 팀원들은 팀의 방향에 대해 예측 가능성이 높았다.

둘째, 팀원들은 공통의 정체성을 갖고 있다. 소속감과 자긍심을 갖고, 하나의 팀으로 일할 수 있었다.

셋째, 팀원들 상호 간의 전문성을 인정해 주고, 고유의 관점을 존중하였다.

넷째, 팀원들 상호 간의 신뢰와 부족한 부분을 기반으로 상호의존성이 높았다. 서로가 서로의 부족한 점을 채워주어 리스크를 최소화했다.

다섯째, 집단지성을 촉진할 수 있는 건설적인 긴장감이 있었다. 대립된 의견은 새로운 아이디어를 촉진하고 더 나은 성과를 견인하는 것으로 긍정적으로 받아들였다.

이상에서 살펴본 바와 같이, 마이크로소프트에서 발견한 다섯 가지의 시사점에서도 '신뢰와 존중' 등의 관계와 추상적 가치가 중요하다는 점을 재확인할 수 있었다.

영향 요인	세부 내용
팀의 목적 (Team purpose)	명확한 공동의 목표 달성을 위해, 정렬된 방향을 공유하고 집중한다.
공통의 정체성 (Collective identity)	소속감을 갖고 팀원들이 원 팀으로 일할 수 있도록 지원한다.
인지도와 포용 (Awareness and inclusion)	팀원들이 상호 간의 역동성을 발견하고, 각자의 관점을 가치 있게 여길 수 있도록 지원한다.
신뢰와 취약성 (Trust and vulnerability) /상호의존성	팀원들이 위험 부담을 나누어 지도록 독려한다.
건설적인 긴장 (Constructive tension)	적절한 긴장감은 새로운 아이디어를 촉진하고, 더 나은 성과를 견인하는 것으로 받아들인다.

출처: https://www.microsoft.com/en-us/microsoft-365/blog/2019/11/19/5-attributes-successful-teams/

구글과 마이크로소프트의 사례로 성공적인 팀의 공통적인 특징을 요약해 보자면 다음과 같이 세 가지로 정리할 수 있다.

첫째, 협업 팀은 명확성이 높아야 한다.

구체적으로 '공동의 목표'와 '각자의 역할'과 '책임'이 명확해야 한다. 협업 팀이 추구하는 목표에 대한 의미를 함께 공유하고, 구체적인 결과와 기여에 대해서도 함께 인식할 수 있어야 한다. 협업 팀의 리더라면, 팀의 초기 단계에 명확성을 높이기 위한 다양한 활동을 실행해야 한다.

둘째, 상호의존성과 두터운 신뢰가 필요하다.

협업 팀의 파트너들이 보유한 전문성과 관점을 인정해야 한다. 각자 자신의 자리에서 최선을 다하고 있다는 믿음을 표현해야 한다. 원 팀이라는 의식을 구체화하는 상징이나 활동이 있다면 더욱 효과적이다. 협업 팀의 리더라면, 팀 빌딩과 팀 문화 구축을 위한 구체적인 자원을 할당해야 한다.

셋째, 집단지성이 발휘될 수 있어야 한다.

대립된 의견과 새로운 시도를 하더라도, 팀의 성공을 위한 것이라는 믿음을 표현해야 한다. 각자의 관점과 다양한 시각을 존중하고, 포용할 수 있어야 한다. 협업 팀의 리더라면, 심리적으로 안전한 상황을 조성하고 서로 다른 관점에서 충분히 토의하고 최선의 결과를 이끌어 내는 퍼실리테이션 스킬이 필요하다.

협업 성공 연구에서 답을 찾아라

협업에 대한 전문적인 연구를 살펴보면, 주로 공공 조직을 중심으로 진행되어 왔다. 이는 국가 및 공공 조직의 존재 목적과 관련이 깊기 때문으로 이해할 수 있다. 주요 공통점을 요약해 보면, 이미 살펴보았던 '팀의 성공 요소'와 공통적인 측면이 다수 포함되어 있었다. 협업에 참여한 파트너들의 전문성보다는 '관계적 요인'이 훨씬 더 중요한 것으로 나타났다. 여기에서는 새롭게 파악된 내용을 중심으로 소개하고자 한다.

첫째, 협업 팀의 수행과 관련한 리더십 팀의 적극적인 관심과 지원이 중요한 요소로 나타났다.

대부분의 프로젝트 성공 요인과 비슷하다. 협업 팀의 리더는 의사결정권자의 관심과 지원을 효과적으로 이끌어 내야 한다.

둘째, 협업 팀의 조직시민행동이 관찰되었다.

조직시민행동이란 보상과 상관없이 협업 팀의 구성원이 공동의 목표를 위해 적극적 자발적인 방식으로 행동하는 것을 의미한다. 예를 들어, 협업 팀의 동료들에게 도움을 제공하는 이타적인 행동이나 협업 팀 전체의 이익 증진에 기여하는 행동을 들 수 있다.

예를 들어, 결근한 동료의 빈자리를 대신하는 행동, 야근하고 있는 동료의 업무를 도와주는 행동, 소모품 사용이나 예산 사용을 낭비하지 않으려는 행동, 높은 수준의 품질을 위해 노력하는 행동, 의견교환 미팅 등에 적극적으로 참여하는 행동, 조직에 대한 비난을 삼가는 행동 등을 들 수 있다. 협업 팀의 리더는 바람직한 조직시민행동을 장려하고 강화하기 위한 방법을 모색할 필요가 있다.

셋째, 협업 팀의 과업 추진과 관련이 높은 정보를 원활하게 공유했다.

프로젝트의 특성상 모호함과 변동 가능성이 높은 만큼,

적시에 유효한 정보를 공유하는 것은 매우 중요하다. 특히 정보 공유 과정을 통해서 개인의 경험이 협업 팀의 자산으

구분	세부 내용
리더십	• 최고경영진, 의사결정권자의 적극적인 관심/지지
상호의존성	• 협업 팀 참여자 간 서로 필요하다는 믿음 • 도움을 주고받는 호혜적 관계, 수평적 관계 • 관계 지속에 대한 의지 • 협업 팀 참가자의 전문성 • 이질적 특징, 다양성
상호 신뢰	• 협업 팀 내부의 신뢰, 존중과 배려, 팀워크 • 상호 전문성에 대한 신뢰 • 약속 준수에 대한 신뢰 • 재미, 즐거움에 대한 경험
조직시민행동	• 자발적인 지원, 헌신 • 도움 제공, 정보 공유 행동 • 규칙 준수
일하는 방법	• 합의된 용어, 프로세스, 규칙 • 업무 처리 방식의 통일, 표준화
명확성	• 협업 팀의 방향성, 목표 • 역할 및 책임, 보상, 프로세스
원활한 정보 공유	• 정보 공유(적시, 변경사항, 유효한 정보) • 팀 학습: 기존의 관점, 태도, 행동의 변화 • 암묵지의 형식지화, 조직자산화
커뮤니케이션	• 양방향 소통, 수평적 소통, 수시 소통 • 공식적 소통, 비공식적 소통의 효과성 • 의사소통, 참여적 의사결정(집단지성)
갈등관리	• 이해충돌 관리, Win-Win의 가치 실현 • 대립 극복, 창의적 대안 발굴

로 바뀌는 '팀 학습'이 일어났다. 협업 팀의 리더는, 의사소통 체계를 효과적으로 설계하고 운영할 필요가 있다.

넷째, 갈등을 효과적으로 관리하였다.

집단지성과 이해충돌 상황에서 종종 발생하게 되는 갈등을 관리하는 스킬이 우수했다. 협업 팀의 리더는 갈등 상황을 협력적으로 이끌어 내기 위한, 창의적 대안을 마련하는 역량이 필요하다.

이상에서 살펴본 내용을 중심으로, 협업 팀의 리더 입장에서 협업을 성공으로 이끌기 위해 필요한 스킬을 재정리하자면 다음과 같다.

첫째, 공동의 목표에 대한 강한 열망과 상호의존성을 바탕으로 시작해야 한다.

둘째, 협업 팀의 상호 신뢰를 구축하고, 조직시민행동을 촉진해야 한다.

셋째, 협업 팀의 추진 방향과 각자의 역할과 책임, 보상, 프로세스를 명확히 해야 한다.

넷째, 협업 과정에서 발생할 수 있는 이해관계자의 대립과 갈등을 해결해야 한다.

다섯째, 협업 팀의 원활한 의사소통을 이끌고, 집단지성을 촉진해야 한다.

4장

협업 **기회**를 발굴하고, **목표**를 설정하는 방법은?

본 장에서는 협업 기회를 발굴하고, 구체적인 목표를 설정하는 방법에 대해서 살펴보고자 한다. 협업에 대한 잠정적 동의만으로는 실제 협업이 일어나기 어렵기 때문에, 이를 구체화하는 목표 설정 과정은 꼭 필요하다.

주위에 전략적 제휴 및 양해각서인 MOU 체결 소식은 들었지만, 구체적인 결실을 맺지 못하는 경우를 어렵지 않게 찾을 수 있다. 이는 큰 방향에 대해서는 합의했지만, 추진 과정에 대한 갈등과 모호함 때문에 실패했을 가능성이 높다. 막연하고 추상적인 것을 구체적인 결과물로 끌어 내는 과정은 매우 중요하다.

이 책에서 일관되게 강조한 협업의 개념은 '설정형 문제해결 프로젝트'로 이해할 수 있다. 과거에 발생한 문제를 해결하기 위한 발생형 문제해결이 아니라, 현재 수준을 개선하거나 미래의 위험을 회피하고 기회를 포착하기 위해 스스로 설정한 문제해결 과정에 적합하다. 그러므로 협업 기회는 수동적 환경에서는 그리 많지 않다.

모든 기회는 관심을 갖고 관찰하는 과정을 통해서 포착할 수 있다. 새로운 도전과 목표에 대한 열망 없이는 쉽게 발견하기 어렵다. 협업 기회 발굴을 위한 전략으로, 크게 현재 협업을 살펴보고 개선하는 방법과 신규 협업을 추진하는 것으로 나누어 볼 수 있다.

1

비즈니스 모델 분석을 통한 협업 기회 발굴

협업 기회를 발굴하기 위해서는 조직의 결핍 요소를 명확히 파악하는 것이 우선이다. 이를 위해 외부 협업을 위한 측면에서 '비즈니스 모델 캔버스'는 효과적인 분석 프레임워크가 될 수 있다. 내부 협업 측면에서는 '밸류체인'을 활용할 수 있다. 여기에서는 이 2가지의 프레임워크를 활용해서 어떤 부분에 협업이 필요한지 파악하는 방법을 살펴보겠다.

비즈니스 모델 캔버스Business Model Canvas는 스위스의 경영학자 알렉산더 오스터왈더Alexander Osterwalder가 창시한 이후, 전 세계 최고의 기업들에서 폭넓게 활용되고 있다. 새로운 사업을 구상하게 될 때, 고객에게 제품과 서비스를 어떻게 전달할지 시각화를 통해서 보다 정교하게 설계하는 데 활용되는 유용한 도구이다. 소규모 스타트업뿐 아니라, 대규모

기업에서 '새로운 비즈니스 전략'을 구상할 때 유용한 9가지 블록에 대해서 간략히 살펴보면 다음과 같다.

<table>
<tr><td rowspan="2">⑧ 핵심파트너
Key Partners</td><td>⑥ 핵심활동
Key Activities</td><td rowspan="2">② 가치 제안
Value
Propositions</td><td>③ 고객관계
Customer
Relationship</td><td rowspan="2">① 고객 세분화
Customer
Segments</td></tr>
<tr><td>⑦ 핵심자원
Key Resources</td><td>④ 유통채널
Channels</td></tr>
<tr><td colspan="3">⑨ 비용구조 Cost Structure</td><td colspan="2">⑤ 수익 흐름 Revenue Streams</td></tr>
</table>

① 고객 세분화Customer Segments

고객의 유형에 따라서 세분화할 수 있다. 예를 들어, 잠재 고객과 거래 고객, 충성 고객과 불만 고객, 남성 고객과 여성 고객, 온라인 구매 고객과 오프라인 구매 고객 등 적합한 기준을 중심으로 나눌 수 있다. 이를 통해 유형별로 선호하는 욕구가 무엇인지 구체화할 수 있다. 협업 기회 관점에서 볼 때, 해당 고객을 대상으로 한 시장의 경쟁이 치열하지 않고, 성장 가능성이 높아야 매력이 있다.

② 가치 제안Value Propositions

타깃 고객의 욕구, 불만, 고통 등의 이슈 해결에 적합한 가치를 제공한다. 제공하는 가치의 유형은 제품, 서비스, 사회적 기여 등 매우 다양하다. 이때 고객에게 약속한 가치는 경쟁자와 차별적인 내용이어야 한다. 협업 기회를 통해 과거에는 없었던 '새로움'을 제공하거나 '낮은 가격' '높은 브랜드' '안전도 향상' '접근성 제고' '사용 편의성' '고객 맞춤화' 등의 가치를 발굴할 수 있어야 한다.

③ 고객관계Customer Relationship

고객과의 긴밀한 관계를 유지한다. 세분화된 고객의 특징에 따라 맞춤형 메시지로 소통한다. 새로운 고객을 '유인'하고 '확보'하는 마케팅에서, 기존 고객을 '유지'하고 '충성도를 높이기 위한' 판촉활동 등이 있다. 방탄소년단의 경우, 충성도 높은 '아미Army' 팬덤의 기여도가 매우 높았다. 글로벌 스타로 성장하기까지의 다양한 과정에서, 팬들과의 소통을 통해서 참여를 이끌어 냈고 놀라운 성과를 발휘하기도 했다. 비슷한 개념이 '프로컨슈머(또는 프로슈머)'이다. 기업의 생산에 영향을 미치는 소비자로, 생산자의 프로듀서Producer와 소비자의 컨슈머consumer를 조합해 만든 용어이다. 이처럼 고객과의 소통 활동에서도 다양한 협업 기회를 발굴할 수 있다.

④ 유통채널Channels

기업은 약속한 상품과 서비스를 다양한 채널을 통해서 제공한다. 구체적으로 보면, 커뮤니케이션과 세일즈, 물류 채널을 통해서 전달한다. 여기에서 주로 고민하는 사항들은 다음과 같다. 기업 입장에서 제공하고 있는 상품과 서비스에 대한 고객의 이해도를 높이기 위한 방법을 고민한다. 고객입장에서 보다 쉽고 편리하게 상품과 서비스를 구매할 수 있을지 고민한다. 거래가 끝난 이후에 고객을 어떻게 지원할지에 대한 사후서비스AS도 고민한다.

⑤ 수익 흐름Revenue Streams

고객에게 가치를 성공적으로 제공했을 때, 수익을 얻게 된다. 예를 들어 상품/서비스 가격, 이용료, 수수료, 대여료, 가입비 등이 있다.

⑥ 핵심활동Key Activities

고객에게 가치를 제공하는 일련의 목표를 위해서, 수반되는 다양한 활동을 수행해야 한다. 예를 들어 설계, 제조, 영업, 마케팅, 서비스 제공 활동을 들 수 있다. 조직 내부로 보면, 다양한 부서의 긴밀한 프로세스를 통해서 이루어진다. 이와 관련된 세부 활동은 밸류체인 분석 소개에서 다루고자 한다.

⑦ 핵심자원Key Resources

가치를 만들어 낼 때, 다양한 자원이 필요하다. 생산설비, 도구, 원재료 등 물적 자원만이 아니라 인적자원, 지적자원, 재무자원 등이 포함된다. 협업 기회 발굴 측면에서, 우리가 보유하지 못한 자원이 무엇인지 명확히 파악하고 이를 보유하고 있는 잠재적 파트너를 찾을 수 있다. 미국의 빅테크 기업들도 창업 당시에 필요한 자금과 경영 관리에 대한 노하우 등을 벤처케피탈의 도움을 통해서 해결했던 사례가 있다. 최근 스타트업을 장려하는 정부 정책을 살펴보면, 시제품과 연구개발 등을 위한 다양한 인프라가 마련되어 있다. 각 정책 사업의 이용 또는 참여 요건을 충족하는 경우, 효과적으로 협업이 가능하다.

⑧ 핵심파트너Key Partners

특정한 업무 활동은 내부에서 직접 수행하지 않고, 외부의 파트너십을 통해서 수행한다. 예를 들어 디자인, R&D, 서버 제공, 인력 파견 등 다양한 영역에서 외부 파트너의 도움을 받곤 한다. 현대기아자동차그룹은 글로벌 경쟁기업보다 해외 진출이 빨랐던 것과 높은 품질의 생산성을 유지한 이유를 '협력업체들과의 긴밀한 협업' 덕분으로 설명한다. 이외에도 제약바이오 및 전자제품조립 등의 산업에서도 외부의 파트너와 다양한 협업을 통해서 제품과 서비스를 만들어내고 있다.

협업 기회 발굴 측면에서 볼 때, 가장 쉽게 시작할 수 있는 부분이 비경쟁자들과 전략적 동맹을 형성할 수 있다. 이를 통해서 다양한 자원을 공유할 수 있다. 예를 들어, 이동통신사의 제휴 할인 마케팅을 들 수 있다. 통신사와 편의점은 서로 경쟁 상대는 아니니다. 그들은 전략적 동맹관계를 통해 고객을 유인해 매출을 높이고 통신사 이용 고객들에게 혜택을 제공하는 효과를 기대할 수 있었다.

이보다는 조금 긴장되지만, 경쟁 업체 간에 전략적 파트너십을 체결하는 것이다. 예를 들어, 국내 가구제조사들이 글로벌 원재료 구매 과정에서 물류비와 가격 협상 등의 우월적 지위를 유지하기 위해 파트너십을 갖는 것이다. 중국의 대량생산을 통한 낮은 공급가로 시장이 왜곡되는 것을 방지하기 위해 '보호입법 마련 활동'을 공동으로 전개하기도 한다. 어떤 업종의 경우, 가격의 인상과 할인 등의 자율적 규제를 위해 협의함으로써, 불필요한 출혈 경쟁을 자제하도록 노력한다. 다시 말해 협업을 통해 기대되는 이익이 있다면, '적과의 동침'도 가능하다는 점이다.

이처럼 기존의 '핵심파트너'에 대한 수준을 측정하고 개선의 기회를 발굴하는 것도 새로운 협업 기회를 만드는 훌륭한 전략이 될 수 있다. 국내 굴지의 대기업 경영진 입장에서는 핵심활동의 대부분을 외부의 파트너십을 통해서 해결하고 있다. 이 비중은 더 높아지는 것이 추세이기도 하다. 규모는 작지만, 품질과 기술력을 갖춘 다양한 후보 파트너를 발굴하고 육성하는 것이 '사업전략'의 일부라는 점을 공공연히 말하기도 한다. 왜냐하면 각 요소별 최적화를 넘어서 전체의 시너지를 기대하기 위해서는 '외부 핵심파트너'의 역량이 최저 수준을 결정하는 장애물이 될 수 있기 때문이다.

⑨ 비용구조Cost Structure

핵심활동과 자원 그리고 파트너의 아웃소싱에 다양한 비용이 발생한다. 크게 변동 가능성에 따라서 고정비와 변동비로 나눌 수 있다. 구체적으로 인건비, 재료비, 수수료, 홍보비, 물류비 등이 있다. 조직의 다양한 활동에 소요되는 비용을 효과적으로 관리하기 위해, 'Cost Center'의 비용과 'Value Center'의 비용으로 나누어 적용한다. 먼저 소모적인 비용인 Cost Center와 관련된 활동에 대해서는 최대한 절감하기 위한 방법으로 접근한다. 예를 들어, 구매 단가를 낮추고 소모품과 원재료 등의 손실을 최소화하도록 한다. 반면 Value Center 활동은 투자라는 관점으로 접근한다. 가치를 높이거나 새롭게 창출하는 데 필요한 비용은 유연하게 집행한다.

협업 기회 발굴 측면에서, 앞서 살펴본 핵심파트너와 제휴하거나 공유하는 방법을 통해 비용을 최소화할 수 있다. 같은 관점에서, 핵심기술의 개발을 위해 큰 비용이 필요한 경우에도 조인트벤처를 만들어 함께 추진하기도 한다. 실제 1998년도에 삼성생명과 교보생명, 흥국생명이 '생보부동산신탁회사'를 설립하기도 했다. 제약바이오 산업 분야에서는 신약 개발이라는 대형 프로젝트를 위해 전문기업에 지분 투자를 통해 참여하는 경우가 증가하고 있다. 장기적 관점에서 투자 비용을 낮추되, 연구개발에 선택하고 집중하는 기업에 권한을 위임하는 방식의 협업을 하는 셈이다.

이상에서 살펴본 바와 같이, 모든 조직은 고객에게 약속한 제품과 서비스를 제공하기 위해, 다양한 활동을 하고 있다. 그 모든 활동을 홀로 훌륭하게 해내기 어렵다. 각 단계별로 살펴보면, 외부에서 풍부한 자원과 탁월한 역량을 갖춘 파트너와 협업할 수 있는 기회가 많다.

단순한 원재료 구매와 물류, 아웃소싱 단계를 넘어 심도 있게 협업할 수 있는 기회를 모색할 수 있다. 앞서 언급한 바와 같이, 각자의 자원을 공유하는 수준은 '계약 관계' 성립을 통해서 어렵지 않게 진행될 수 있다. 보다 높은 수준의 협업을 위해서는 우리의 결핍과 제한점을 충분히 채워줄 수 있는 잠재적 협업파트너와 집단지성 및 시너지를 발휘할 수 있는 기회가 마련되어야 한다.

밸류체인 분석을 통한 협업 기회 발굴

밸류체인 모델Value Chain Model은 이미 살펴본 비즈니스 모델 중 조직 내부의 핵심활동에 대한 내용을 구체화한 것으로 이해하면 쉽다. 1980년대 하버드대 마이클 포터 교수의 모형이 가장 널리 알려졌다. 밸류체인이라는 용어는, 고객에게 가치를 제공하는 내부의 다양한 활동들이 사슬처럼 긴밀하게 연결되어 있다는 의미를 강조하기 위해 사용되었다. 밸류체인은 다음의 목적을 위해 주로 활용되었다.

- 우리의 핵심 역량은 무엇인가?
- 경쟁력을 높이기 위한 개발 우선순위는 무엇인가?
- 우리가 선택할 수 있는 효과적인 비즈니스 전략은 무엇인가?

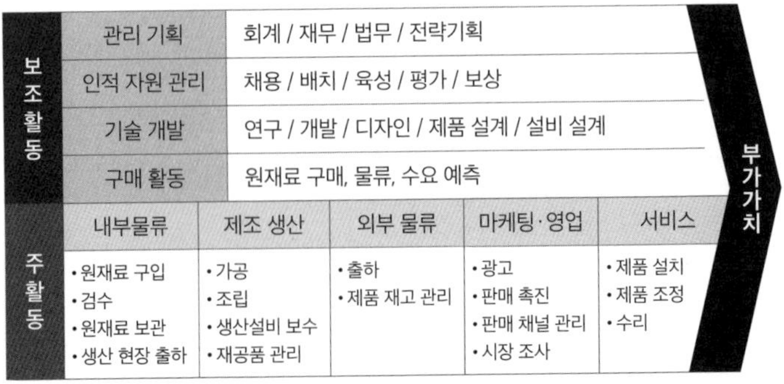

보조활동	관리 기획	회계 / 재무 / 법무 / 전략기획				부가가치
	인적 자원 관리	채용 / 배치 / 육성 / 평가 / 보상				
	기술 개발	연구 / 개발 / 디자인 / 제품 설계 / 설비 설계				
	구매 활동	원재료 구매, 물류, 수요 예측				
주활동	내부물류	제조 생산	외부 물류	마케팅·영업	서비스	
	• 원재료 구입 • 검수 • 원재료 보관 • 생산 현장 출하	• 가공 • 조립 • 생산설비 보수 • 재공품 관리	• 출하 • 제품 재고 관리	• 광고 • 판매 촉진 • 판매 채널 관리 • 시장 조사	• 제품 설치 • 제품 조정 • 수리	

밸류체인은 고객에게 가치를 제공하기 위한 일련의 내부 업무프로세스를 시간적 프로세스에 따라 시각화한 것이다. 기업이 고객에게 전달할 가치 창출에 직접 연계된 '주 활동'과 이를 지원하기 위한 '보조 활동'으로 구분하여 설명할 수 있다.

첫째, '주 활동'의 결과는 가치에 축적되고 기업의 이익을 형성하게 된다.

세부 활동들은 순차적인 흐름으로 연결되어 있다. 크게 보면 투입-과정-산출의 모델을 세분화한 것으로 볼 수 있다. 원재료를 외부에서 조달하여 생산 과정을 통해 판매 과정으로 이어진다. 각 단계를 거치면서, 원재료는 보다 높은 가치를 축적하게 된다.

주목할 부분은 모든 활동은 선행과 후행의 활동과 긴밀하게 영향을 주고받는다. 마치 운동회의 이어달리기 과정과 비슷하다. 각자 담당하는 역할을 충실히 하는 것으로는 부족하다. 선행 단계의 완성도와 납기 그리고 유효한 정보의 전달 과정이 후행 단계의 활동을 성공적으로 이끌 수 있다. 이는 이어달리기의 주자들이 바통을 넘겨주는 과정을 연상해도 좋다.

다시 말해, 주된 활동의 단계를 원활하게 이어 나가는 것이 매우 중요하다는 의미이다. 이 과정에서 문제가 발생될 때를 일컬어 '사일로 효과Silo Effect'라고 부른다.

사일로는 원래 곡식이나 사료를 저장하는 커다란 저장탑을 말한다. 경영에서는 조직 내부의 부서 간에 서로 협력하지 않고, 각자 이익을 추구하는 현상을 설명하는 용어로 널리 사용되고 있다. 여러 개의 사일로가 각자 충실히 제 몫을 하고 있지만, 폐쇄적이기 때문에 전체 차원에서 시너지를 낼 수 없는 것과 비슷하다. 바꾸어 말하자면, '부분의 최적화'는 되었지만 '전 사적 최적화'는 이루어지지 않은 상태이

구분	세부 내용
NIH 장벽 (Not Invented Here)	• 외부의 전문가, 영입 인력들의 '낯선 의견' 또는 '방법'을 거부하는 상황 • 우리 조직에서 만들거나 준비되지 않았다는 이유로 배척 • 폐쇄적인 문화(국수주의)가 원인 • 외부에 도움을 요청하는 것이 무능함을 시인하는 것으로 염려하는 경우도 있음
독점 장벽	• 공유를 요청했음에도 불구하고 공유하지 않는 상황 • 도와줄 능력이 있음에도 불구하고 돕지 않는 상황 • 방어적 태도 • 내부 조직의 경쟁이 치열한 경우, 정보 공유가 '독점적인 지위'를 잃어버릴 수 있다는 우려 때문에 발생함
검색 장벽	• 조직 내부에 내가 필요한 정보와 자원을 보유한 사람을 찾을 능력이 없어서 협업하지 못하는 상황 • 조직 규모가 너무 크거나, 물리적으로 멀리 떨어져 있는 경우 • 정보가 너무 많거나, 조직 내부 인맥이 부족한 경우
이전 장벽	• 전문지식과 노하우, 기술을 이전하는 능력이 없어서 협업하지 못하는 상황 • 이전하는 스킬이 부족한 경우 • 해당 지식이 암묵지인 경우

다. 이를 '협업의 장벽'으로 이해할 수 있는데, UC 버클리대의 한센 교수는 협업을 추진하는 과정에서 경험하는 장벽을 4가지로 설명했다.

협업의 장벽을 극복하기 위한 방법은 무엇이 있을까?

앞선 표의 4가지 협업 장벽을 극복하기 위해서는, 크게 '협업 의지인 동기를 강화하는 방법'과 '협업에 필요한 구체적인 방법 및 환경을 제공해주는 방법'으로 접근할 수 있다. 이를 몇 가지로 나누어 소개하고자 한다.

① 구성원들의 협업 동기를 유발할 수 있는 제도 마련이 중요하다. 예를 들어 협업 촉진을 위한 공동목표 설정, 평가 보상 제도 정비 등을 고려해 볼 수 있다. 구성원들 입장에서 '협업은 선택이 아닌 필수'라는 인식을 높여주어야 한다.

구성원의 협업 동기를 높이기 위해 '원 팀'이라는 점은 인식하고 느낄 수 있어야 한다. 우리 모두 한 배를 타고 있다는 점을 명확히 인지하도록 하고, 정서적으로 확신할 수 있도록 이끌어야 한다. 특히 공동의 목표를 달성했을 때 얻게 되는 구체적인 혜택을 알려주는 것도 효과적이다. 때로는 외부의 경쟁 대상과의 갈등 상황에 초점을 두고, 내부의 결속을 느끼도록 유도할 수 있다. 원 팀이라는 사실을 느낄 수 있도록 '우리 팀' '우리' 등의 표현을 활용하는 것도 필요하다.

② 다양한 부서의 입장과 이해관계를 조율할 수 있는 '조정 기구'를 상설하거나 '회의체'를 운영하는 것도 효과적이다. 예를 들어, 영업 부서와 생산 그리고 구매 부서의 긴밀한 소통을 돕는 수요예측 팀 S&OPSale and Operation 팀과 공급망 관리 팀 또는 SCMSupply Chain Management 팀 등이 여기에 해당된다. 조직 내 부서 간 입장을 존중하고, 공동의 목표 달성을 위한 중요한 정보를 함께 공유하고 최적의 해결 방안을 논의하는 데 기여할 수 있다. 각 부서의 입장을 넘어, 전 사적 관점에서 협업 수준을 높일 수 있다.

같은 맥락에서 전 사 차원의 협력을 강화하기 위한 목적으로, 조직별 전략 과제의 원활한 조정과 정보 공유 그리고 문제해결을 지원하기 위한 조직을 운영하는 것도 방법이 될 수 있다. 예를 들어, PMO 팀Project Management Officer이나 협업 사무국 등의 조직을 생각해 볼 수 있다.

③ 상호 이해와 전 사적 관점을 공유할 수 있는 인재를 지속적으로 육성하는 것이다. 조직 차원의 인재 육성 기회 또는 Cross Functional Team 프로젝트를 통해 소속 부서의 입장을 넘어서 전 사적 관점을 가질 수 있도록 경험을 제공하는 것이다. 이는 전 사 차원에서 인사 부서가 주축이 되어 추진할 수 있는, 차세대 리더 또는 경영자 후보군을 육성하는 프로그램에 반영할 수 있을 것이다.

④ 다양한 부서의 구성원들이 편하게 소통할 수 있는 기회를 확대하는 것이다. 내부의 자연스런 네트워크를 형성할 수 있도록, 동호회 또는 학습 조직, 부서별 교류회, 비어톡Beer Talk 등의 자연스런 모임을 운영하거나 지원하는 것이 효과적이다. 특히 전 사 차원의 지식을 공유할 수 있는 지식관리시스템KMS, Knowledge Management System을 통해 다양한 방식의 정보교류와 이용 가능성을 높여주는 환경을 제공할 수도 있다. 요약하자면, 공동체 의식을 직접 느낄 수 있는 기회를 마련하는 것이다. 다양한 입장을 이해할 수 있는 경험을 설계하고 제공하는 것이다.

둘째, '보조 활동'은 모든 본원적 활동을 지원하는 역할을

수행한다.

조직의 방향성 제시, 인적 자원 관리, 기술 개발과 구매와 물류 등을 통해 지원한다. 그뿐만 아니라 다양한 지원 활동에 대해서도 지원한다. 흔히 말하는 '본사' 또는 '지원 부서', '스텝부서'의 활동을 말한다.

주 활동을 수행하는 '현업 부서' 입장에서는 '본사'의 다양한 지원 활동이 번거로운 요청으로 인식될 때가 종종 있다. 왜냐하면 본연의 담당 업무 활동에 선택과 집중을 해도 자원이 부족한 상황인데 새로운 업무 또는 요청 사항 때문에 별도의 시간을 할애해야 한다는 점이 부담스럽기 때문이다. 게다가 종종 본사의 서로 다른 부서에서 비슷한 사안에 관해서 서로 다른 양식과 분석 자료를 요청하는 경우가 발생하기 때문이다.

산업과 조직의 상황에 따라 다르지만, 안정적 운영과 관리를 중시하는 경우 '지원 부서'와 '현업 부서'의 관계가 위계적으로 설정되기도 한다. 공동의 목표 아래 기능적으로 역할을 나누어 수행하지만, 의사결정 권한과 지휘 체계가 지원 부서 중심인 경우 높은 수준의 시너지를 기대하기 어렵다.

협업 기회 발굴을 위해, 업무 활동의 목적과 실행 방법 그리고 참여 대상과 시기 등의 공통사항이 있는 경우 효과적으로 추진하기 위한 '지원 부서' 협의회를 시범적으로 운영해 볼 수 있다. 이를 통해 투입되는 자원을 최소화하고 '타깃 대상'의 불편과 작업을 줄일 수 있다. 실제로 전국에 다양한 판매 조직과 생산 조직을 가진 어느 기업에서 효과를 얻었던 사례가 있다. 현업 부서를 대상으로 실행 계획 중인 다양한 프로그램과 소통 계획에 대해서 '지원부서 협의회'를 통해 사전에 조정하거나 '동시에 진행'하는 방법을 수립하였다. 투입 자원을 최소화하고, 현업 부서의 부담을 최소화하는 성과를 얻을 수 있었다.

내부의 협업 수준을 높이고, 새로운 협업 기회를 발굴하기 위한 '내부 고객 만족도' 또는 '협업 만족도'를 진행하는 것도 생각해 볼 수 있다. 조직 내부에서 긴밀하고 빈번하게 협업하는 타부서를 내부 고객으로 인식하고, 약속한 서비스 및 협조 수준에 대해서 상호 평가를 실시하는 것이다. 낮은 수준에 대해서는 개선 과제를 도출하고 구체적인 실행으로 '새로운 기회'를 발굴하고 개선할 수 있다. 실제 일부 정부 및 공공기관에서는 협업 수준을 조직 평가에 활용하기도 한다. 이를 통해 새로운 협업 기회를 발굴하기도 했다. 예를 들어, 운전면허증 재발급을 위한 신체검사 대신 건강보험관리공단의 검진 자료를 제출하는 방식으로 매년 수많은 사람들에게 편의를 제공할 수 있었다. 내부에서 관리하는 '데이터'라는 자원을 공유하는 것만으로도 훌륭한 협업을 이끌어 냈고 사회적 비용도 절감할 수 있었다.

이상에서 살펴본 바와 같이, 밸류체인모델의 분석을 통해 조직 내부의 협업 기회를 발굴하고 향상할 수 있다. 이미 소개했던 협업 만능주의를 경계하기 위해, 협업의 구체적인 결과를 강조할 필요가 있다. 협업의 경우 과정보다 결과가 중요하다. 자칫 시간과 비용 등의 자원을 낭비할 가능성이 존재하기 때문이다. 구체적으로 혁신적인 제품과 서비스의 개발, 높은 수준의 원가 절감, 프로세스 혁신 등을 위한 실행 과정이 되도록 명확히 해야 한다.

협업 파트너 발굴 및 협업 제안

지금까지 조직의 전략과 목표 달성에 필요한 기회 요소를 파악하는 방법을 살펴보았다. 여기에서는 상호의존성을 기반으로 협력의 가치를 키워갈 수 있는 '잠재적 협업 파트너'를 찾고, 파트너십을 맺는 방법에 대해 알아보겠다. 모든 협업은 상대방과 내가 함께 윈윈해야 한다는 전제가 깔려 있다. 어느 한쪽이 일방적 이득을 추구하는 경우, 성공을 담보하기 어려우며 지속성을 예상할 수 없다. 크게 우리의 필요를 채워줄 파트너와 우리를 필요로 하는 파트너로 나누어 볼 수 있다.

- 팀의 부족한 부분을 채워줄 잠재적 협업파트너 선정

비즈니스 모델 캔버스에서 확인했던, 핵심활동과 핵심자원을 중심으로 접근해 볼 수 있다.

핵심활동은 고객에게 약속한 가치를 전달하기 위해 꼭 필요한 중요 활동을 의미한다. 밸류체인 모델에서 살펴보았던 바와 같이 본원적 활동과 지원 활동 모두에서 폭넓게 살펴볼 수 있다. 대규모 조직의 경우도 핵심 기획과 기술 등의 분야를 제외하고 전방위에서 협업을 확대하는 것이 보편적인 현상이다.

예를 들어, 대형 제약회사의 경우 기존의 브랜드와 다양한 판매 채널을 강점으로 연구개발과 생산과 물류 등을 외부 파트너와의 협업을 통해서 진행하는 경우가 증가하고 있다. 왜냐하면 내부에서는 강점 중심의 핵심역량에 집중하는 것이 차별화 및 운영 관리의 효율이 높기 때문이다.

훌륭한 협업 파트너들과 신약개발 과정에 지분을 투자하고, 최선의 전략 수립을 위한 다양한 의견을 제공한다. 다품종 소량 생산으로 특화되어 있는 CMOContract Manufacturing Organization 기업의 안정적 품질과 납기 준수를 위한 정기적인 실사와 개선 활동에 참여하기도 한다.

먼저 우리가 활동하는 시장의 주요 경쟁자와 비교해 볼

때, '부족하거나 취약한 기능과 활동'에 초점을 두어야 한다. 이와 관련한 업무 활동에 '탁월한 역량을 갖춘 잠재적 협업 파트너'를 리서치 해야 한다.

핵심자원은 물리적 자원과 인적 자원, 지적 자원, 재무 자원을 모두 망라한다. 가장 쉽게 접근할 수 있는 것이 물리적 자원이다. 우리의 전략 실현에 필요한 시설과 장비, 원재료 등을 갖고 있는 파트너를 리서치 하는 것이다. 단기적으로는 '이용'에 따른 '사용료'를 지급하는 방식으로 해결할 수 있다. 그러나 장기적 관점에서 대량 및 다품종의 제품과 서비스를 공급하기 위해 필요한 경우 '전략적 파트너십' 또는 '긴밀한 협업 수준'으로 관계를 재정의할 필요가 있다. 그래야 단가도 합리적으로 조정할 수 있고, 소통에 필요한 비용과 리스크를 최소화할 수 있다. 특히 민감한 변화와 최종 고객의 까다로운 기준을 충족시키기 위해서 '공동으로 민첩하게 대응한다'는 태도가 필요한 경우가 있기 때문이다.

충분한 역량과 경험을 갖춘 전문 인재를 확보하는 작업은 매우 까다롭다. 업종의 특징상 '혁신적이고 창의적인 인재'가 필요한 경우, 내부의 딱딱한 형식과 관리의 틀로는 오랜 기간 협력하기가 쉽지 않다. 마치 애플의 앱스토어나 구글플레이처럼, 탁월한 전문가들과 느슨한 관계에서 협업할 수 있는 플랫폼도 매력적이다. 공연이나 컨설팅 산업에서는 '자율성과 책임'을 지향하는 전문가들이 증가하고 있다. 문제는 이들을 효과적으로 확보하려면 유인하는 매력적 요소가 필요하다는 점이다.

리서치 방법은 공개된 자료를 통한 조사가 가장 쉽고 빠르다. 이때 주의할 것이 있다면 언론 또는 전문잡지와 학회 등의 자료는 2차 가공 자료라는 사실을 염두에 두어야 한다. 각 기관의 관점에서 재구성했을 가능성이 있으므로, 자료를 제공한 기관의 신뢰도를 살피는 것이 선행되어야 한다. 게다가 해당 자료는 최신의 것이어야 한다. 과거에는 우수했지만, 빠른 변화 환경으로 퇴보하는 경우들이 종종 있으므로 자료 검증 작업이 꼭 필요하다.

그리고 시장의 전문가들에게 추천받는 것도 병행할 필요가 있다. 문서를 통해 조사한 내용의 검증에도 도움이 되고, 질문을 통해서 실제 날것의 유용한 정보들을 확인하는 데 효과적이다. 평소 관련 분야의 전문가 또는 외부 파트너들과 원만한 유대관계를 유지했다면 쉽게 접근이 가능할 것이다.

- 보유한 자원과 전문성을 필요로 하는 잠재적 협업 파트너 선정

일단 보유한 강점을 시장에 서비스로 판매하게 된다면, 그 자체로 단일 사업모델이 될 수 있다. 예를 들어, 건축과 토목 사업에서 성장해온 기업이 특허와 감리기술을 판매할 목적으로 사업 목적을 추가하거나 별도 법인을 만들기도 한다.

이 책에서는 협업 기회 발굴이라는 측면에 초점을 두고자 한다. 그렇다면 우리의 강점을 필요로 하는 상대방은 어떻게 찾을 수 있을까? 일단 경쟁자들 중에서 찾아본다면, 어렵지 않게 찾아볼 수 있다. 그러나 선불리 협업에 나서지는 않을 것이다.

오히려 해당 조직이 속한 업종의 상위 범주 산업이나 인접하는 유사 업종으로 대상의 범위를 확대해 보는 것이 현실적인 방법이 될 수 있다. 본래 협업은 동업과 달리 이종간 협동을 통해 더 큰 시너지를 기대할 수 있기 때문이다. 예를 들어 '곰표맥주'의 사례를 생각해 볼 수 있다. 밀가루를 주력으로 사업하던 대한제분과 편의점 사업을 영위하는 BGF는 업종은 차이가 있지만, 소비재 산업이라는 큰 범주는 동일하다. 직접 경쟁하는 사이도 아니고 각자의 강점을 기반으로 시너지를 낼 수 있다는 확신이 있었기에 가능했다. 게다가 OEM 방식으로 맥주제조를 담당했던 롯데주류의 경우도 경쟁자가 아니었다. 제조업의 특성상, 유휴설비의 가동률을 높이는 것이 생산성과 수익을 개선하는 데 중요한 관심사였다.

최근 네이버는 제페토를 통해 메타버스 사업에 진출하고 있다. 이 과정에 엔터테인먼트 회사인 YG, JYP, 빅히트 등이 함께 투자에 참여하였다. 왜냐하면 IT전문기업인 네이버는 플랫폼은 갖고 있지만 소비자들이 즐길 수 있는 구체적인 컨텐츠를 제공할 역량은 부족하다는 점을 잘 알기 때문이다. 마찬가지로 엔터테인먼트 회사 입장에서도 비대면 시대 사이버공간에서 새로운 매출 확보가 가능하다는 가능성을 실험하고 싶은 니즈가 있기 때문이다.

이처럼 서로 다른 강점을 보유한 이종의 협업 파트너에게 제안하기 위해서는 협업을 통해 이룰 수 있는 원대한 열망과 구체적 목표를 주도적으로 제안하는 오너십이 필요하다. 그 목표에 공감하고, 기대하는 이익이 현실화될 것이라는 믿음이 확신이 될 때 협업에 참여하게 된다.

협업을 제안하는 과정에 가장 큰 초점은 '협업을 통해서 얻게 되는 이익'을 어떻게 전달할까이다. 이를 위한 효과적인 화법으로 'FABE(페이브)'를 활용하면 좋다. 페이브는 Feature(특징), Advantage(장점), Benefit(이익), Evidence(증거)의 첫 글자를 따서 만든 설득 화법이다.

첫째, 협업의 특징(Feature)을 설명한다.

기존 또는 경쟁, 유사한 것들과 어떤 차이점이 있는지를 구체적으로 알려줘야 한다.

예) "이번 ○○프로젝트는 국내 유일 또는 국내 최초, 국내 최대이다."

둘째, 협업의 장점(Advantage)을 설명한다.

상대방 입장에서 유리한 조건이 어떤 것인지 알려줘야 한다.

예) "○○프로젝트가 성사되면 5년 동안은 신경 쓰실 일이 없다. 또는 까다로운 인허가 조건의 예외에 해당된다."

셋째, 협업을 통해 예상되는 이익(Benefit)을 설명한다.

상대방 입장에서 협업이 성공하게 될 때 누릴 수 있는 혜택과 이익이 무엇인지를 알려줘야 한다.

예) "○○ 특허를 확보할 수 있다. ○○ 수익률, ○○ 점유율, ○○ 비용 절감을 얻을 수 있다."

넷째, 협업의 성공 사례 또는 확신할 수 있는 구체적 증거(Evidence)를 제시한다.

앞선 3가지에 대해 상대방의 확신을 높이기 위한 구체적인 증거를 제시해야 한다. 이때 눈으로 직접 확인할 수 있는 시각적 자료를 제시하는 것이 효과적이다.

예) "○○ 관련 허가서이다. ○○ 계약서이다. ○○ 사례에 대한 실적 공시자료이다."

협업의 목표 구체화하기

첫째, 협업 기회가 본래 추구하던 가치와 목표에 부합하는지 최종적으로 검토해야 한다.

협업은 우리가 지향하는 궁극의 가치와 목표에 부합하는 것이어야 한다. 예를 들어, 우리 조직의 장기적 비전과 미션 그리고 전략 방향을 기준으로 검토해야 한다. 타깃으로 하는 고객이나 시장과 관련이 있는지, 전문성을 바탕으로 이어온 제품과 서비스에 대한 사항인지를 확인해야 한다. 조직 내부라면 본연의 업무 분장과 관련성이 높아야 한다. 이와 무관한 사항에 대해 추진하는 것은 경계해야 한다. 단기적 관점에서 경제적 보상과 평가 또는 대외 평판 때문에 선택하는 경우, 향후 정체성에 대한 도전을 받을 수 있다.

협업을 성공적으로 추진했을 때, 얻게 되는 확실한 혜택이 무엇인지 정의해야 한다. 다음의 체크 포인트를 점검해 보기 바란다.

- 본 협업 기회가 우리가 추구하던 가치와 비전, 전략 실행에 도움이 되는가?
- 본 협업 기회가 새로운 시장과 고객 확보에 도움이 되는가?
- 본 협업 기회가 우리의 성장(외형/수익/전문성 향상, 프로세스 개선)에 도움이 되는가?
- 본 협업 기회가 우리의 레퍼런스에 도움이 되는가?

단기적 측면의 필요로 선택하는 것을 경계해야 한다. 장기적 관점에서 평가할 때도 구체적인 혜택이 있어야 한다. 예를 들어, 성장 잠재력이 높은 개인이 초기에 단기적 판단 때문에 진행했던 프로젝트 때문에 훗날 큰 비용을 지불하는 경우가 종종 있다. 디지털 사회에서는 과거의 이력까지 접근이 가능하며, 높은 수준의 도덕성을 요구하는 경우가 적지 않다.

둘째, 협업의 목표는 프로젝트 헌장Project Charter으로 구체화할 수 있다.

막연한 목표는 실패할 확실한 목표가 된다. 그러므로 협업 팀의 프로젝트 추진 방향을 구체화해야 한다. 본격적인 프로젝트에 착수하게 되면 이를 상세화하기 위한 활동이 별도로 진행된다. 그럼에도 초기 단계에서 끝 그림에 대한 이미지를 함께 공유하는 것은 '협업프로젝트 성공'을 위해 꼭 필요하다. 일반적으로 프로젝트 헌장은 프로젝트의 공식적 승인을 위한 내용을 담고 있다. 프로젝트의 시작과 업무 범위, 목표, 일정 등에 대해 주요 이해관계자의 합의를 반영한 문서이다.

일반적으로 프로젝트 헌장에 반영해야 하는 사항은 다음과 같다.

- 프로젝트 목적 또는 추진 배경(주요 의사결정자 요구 사항)
- 프로젝트 추진 범위 및 산출물
- 프로젝트 목표 및 성공 기준KPI, Key Performance Indicator
- 프로젝트 추진 아이디어(전략)
- 주요 리스크 및 제약 사항
- 마일스톤 일정
- 전체 예산
- 프로젝트 추진 조직 구성: 승인자, 협의자, 실행자

프로젝트 명

프로젝트 기간

프로젝트 목적

프로젝트 추진범위

추진 아이디어

리스크 및 제약사항

구분	핵심성과지표 (KPI)	목표수준 (Target)	비 고
범위			
일정			
원가			
기타			

마일스톤	마감일

예산

이해관계자	권한

승인	
날짜: 년 월 일	날짜: 년 월 일
프로젝트 관리자: (인)	스폰서: (인)

이를 간결하게 요약하자면, 협업 팀의 주요 이해관계자에게 프로젝트의 방향성을 명확히 공유하는 것이다.

- Why? 협업 프로젝트를 추진하게 된 구체적인 이유와 당위성을 명확히 한다.
- What? 협업 프로젝트를 통해 '무엇'을 '어떤 수준'까지 달성할지를 명확히 한다.
- How? 약속한 목표를 구체적으로 '어떤 방법과 일정'으로 이루어낼지 명확히 한다.

형식은 각 조직과 협업 상황에 맞추어 보완 또는 축소해

프로젝트명	계층별 리더십 진단체계 구축 및 개발과정 실시

팀구성

역할	성명		책임
리더	인사팀	홍길동	니즈 분석, 총괄관리
팀원	교육팀	박인사	과정 설계, 운영
	시스템개발팀	김정보	IT진단 시스템 개발, 운영

추진 배경

•구성원의 성과몰입에 긍정적인 리더십 개발이 필요함
•리더십 단계(계층)별 역량과 진단 시스템이 필요함
•진단결과에 적합한 리더십 역량 개발 솔루션이 필요함

이해관계자

• 최종 승인자 : CEO
• 협의 대상자 : 인사담당/시스템담당 임원, 소속팀장, 현업팀장
• 공유 대상자 : 전체 임직원

추진 범위(산출물)

• 리더십 진단시스템 구축 및 진단 실시
• 임원/관리자/팀원 리더십 교육 과정 개발
• 리더십 진단결과에 적합한 과정 프로그램 실시

추진 목표(KPI)

• 리더십 진단체계 구축 : 납기달성, 진단장애 5건 미만
• 계층별 리더십개발 교육 시행 : 참석율 95%, 수료율 90%
• 회사주관 필수리더십 교육 추천점수 : 85점 이상

추진 아이디어(전략)

•리더십 다면진단 실시(임원 및 관리자)
- 다면진단 → 피드백 워크샵 → IDP 수립/실행 → 결과관리
•리더십 역량별 개별 과정, 특강 운영 확대
관리자 대상 리더십 맞춤형 교육 프로그램 확대

추진 계획

마일스톤	일정
임원 및 관리자 리더십 다면진단 실시	3월~4월
리더십 진단결과 피드백 및 개발계획 보고	4~5월
반기별 HR Academy 실시	5월 , 10월
반기별 관리자 리더십 교육 실시	4월, 11월
전사 팀원 리더십 교육 실시	5~6월

고려사항

• 기본가정 : 대면 교육 실시, 기존 HR시스템 활용
• 리스크 및 제약사항 : 전염병 발생, 사회적 거리두기 조치
• 총액 예산 : 30,000천원

도 무방하다. 중요한 것은 주요 이해관계자가 명확하게 프로젝트를 파악하도록 해야 한다는 점이다.

프로젝트 헌장은 협업 팀의 워크숍을 통해서 완성해야 한다. 자유 토론을 통해 합의한 내용이 반영되어야 한다. 이와 관련한 참여를 촉진하고 결론을 이끌어 낼 수 있는 워크숍 설계와 퍼실리테이션 스킬에 대해서는 별도의 장에서 다루겠다.

지금까지 협업 기회를 발굴하기 위한 방법과 제안하는 방법 그리고 협업 프로젝트의 방향을 구체화하기 위한 방법을 다뤘다. 협업 기회를 발굴하기 위해 비즈니스 모델 캔버스와 밸류체인 모델을 분석 틀로 설명했다. 각 단계를 세분화해보면 보다 많은 기회를 발굴할 수 있다. 이를 바탕으로 적합한 잠재 협업 파트너를 리서치하고, 장기적인 윈윈의 관점에서 협업을 제안할 수 있다. 상대방 입장에서 구체적인 혜택을 확신할 수 있도록 FABE 방식으로 제언하는 것을 소개했다. 큰 방향에서 협업을 추진하게 되는 초기 단계에서, 끝 그림에 대한 구체적인 합의를 '프로젝트 헌장'을 함께 만들어 명확히 할 수 있다.

5장

효과적인 **협업 팀**을 구축하는 방법은?

앞서 협업이 '찐팀'을 통해서 이루어진다는 점을 강조한 바 있다. 우리가 기존에 경험했던 팀과 달리 수평적 조직 구조, 양방향 수시 소통, 참여적 의사결정을 통한 집단지성 발휘, 자율과 책임 기반 실행을 지향한다.

팀에 대한 다양한 정의 중에 카젠바흐와 스미스Katzenbach & Smith는 상호 보완적인 기능을 가진 소수의 사람들이 공동 목표 달성을 위해 상호 책임을 공유하고, 문제해결 과정에 공통의 접근방법을 사용하는 조직 단위로 설명한다. 그들은 다음의 4가지 특징에 주목했다.

– 공통의 목적과 업무 목표Common Purpose and Performance Goals
– 공통의 접근 방법Common Approach

– 공동의 성과 책임Mutual Accountability
– 상호 보완적 기술Complementary Skills

실제 협업 팀의 성공 요소에는 찐팀의 성공 요소가 포함되어 있었다. 그러므로 본 장에서는 협업의 성공 요소 중에서 '신뢰'와 '명확성' 측면에 초점을 두고자 한다. 협업 팀을 이끌어야 하는 리더의 입장에서 눈으로 관찰하거나 구체적으로 측정하기 어려운 이 2가지 측면을 높이기 위해서는 많은 노력이 요구된다.

여기에서는 팀의 발달 단계의 특징을 살펴보고, 협업 성공을 위한 리더의 역할 행동을 학습하고자 한다. 이어 팀의 신뢰 수준을 높이기 위한 다양한 방법들을 알아보겠다.

1

시너지를 발휘하는 팀

시너지 효과란 무엇일까? 시너지Synergy 효과는 우리말로 '상승 작용' 또는 '협력 효과'로 변역된다. 예를 들어 1+1이 2보다 큰 값이 나타난 경우 시너지 효과가 있었다고 말할 수 있다. 본래의 산술적 합계 이상의 결과를 얻을 때 사용한다.

협업 팀은 상호의존성을 전제로, 단독으로는 이룰 수 없는 원대한 목표 달성을 위해 발족된다. 모든 협업 팀은 '시너지 효과'를 전제로 시작된다고 볼 수 있다. 협업 프로젝트를 통해 파이를 함께 키워 우리도 Win 하고, 협업에 참여하는 상대방도 win을 추구하는 방향과 일치한다.

반면 모든 협업 팀이 시너지를 내는 것은 아니다. 당초 기대했던 시너지 수준이 아닌, 더 큰 손해를 유발하는 경우도 종종 있다. 실제 큰 틀에서 협업을 합의하더라도, 구체적인 진행 과정에서 시너지를 이끌어내지 않고는 협업 팀의 목표 달성이 불가능하다.

- 시너지 효과가 일어나지 못하는 이유

시너지를 지향하지만 '책임의 분산' 때문에 기대보다 낮은 결과를 만들 수 있다. 단체 줄다리기 경기를 할 때, 큰 목소리로 함께 노래를 부를 때, 무거운 짐을 함께 운반할 때를 떠올려 보기 바란다. 함께하는 동료 중 누군가 힘을 빼는 경우가 종종 발생한다.

1913년 프랑스 학자 링겔만Ringelmann은 줄다리기 실험을 통해, 팀별로 구성원 인원을 늘릴수록, 개인별 힘의 크기가 줄어드는 현상을 확인했다. 총 8명 정도까지 인원을 증가시켰더니, 원래 쓰던 힘의 64% 정도밖에 사용하지 않았다. 이런 현상을 '링겔만 효과'라고 불렀다.

이유는 간단했다. 익명성 때문에 책임의 분산이 일어났다. 구체적으로 집단 구성원 중 누가 태만했는지를 밝히기가 쉽지 않기 때문이었다. '나 하나쯤이야'라는 사고가 사회적 태만을 빠르게 확산시킨 셈이다.

- 시너지 효과를 높이기 위한 리더의 역할

협업 팀에서 공동의 과제를 추진하는 상황이라면, 각자의 책임을 명확하게 규정해야 한다. 그래야 책임감을 느낄 수 있다. 사소한 과제의 경우도 공동의 책임으로 할당한 경우 소홀히 관리할 가능성이 있다. 구글의 아리스토텔레스 프로젝트 결과에서도 팀원들의 역할과 책임에 대한 명확성이 도출된 바 있다.

협업 팀에 참여하는 개인별 기여에 따라 성취를 인정할 수 있어야 한다. 협업 팀의 전체 목표에 대해서 공동의 책임을 지는 것과 함께, 각자 명확한 책임에 대한 권한과 보상도 주어져야 한다. 이것이 명확해야 '무임승차자Free rider'를 없앨 수 있다.

협업 팀의 리더 입장에서 협업 팀이 시너지 효과를 발휘하기 위한 명확성은, '팀 발달 단계'를 통해 구체적으로 높여 나갈 수 있다.

팀 발달 단계에서의 리더 역할

팀 발달 단계 모델은 조직심리학자 터크만Bruce Tuckman교수가 1965년 발표한 이후, 변함없이 그 명성을 유지하고 있다. 프로젝트 관리와 리더십 교육에 꼭 반영되는 내용이기도 하다. 왜냐하면 일터의 상황은 많이 달라졌지만, 팀 발달 과정은 비슷하기 때문이다. 여전히 설명력이 높다.

터크만은 초기에 팀 발달 단계 모델을 순차적인 과정에 따라 1단계 형성기(Forming), 2단계 혼돈기(Storming), 3단계 규범기(Norming), 4단계 성취기(Performing) 등 총 4단계로 제시했다. 이후 1977년 5단계 해체기(Adjourning)를 추가하여, 현재는 총 5단계로 소개하고 있다. 팀의 목표 달성 이후인 해체기는 팀 자체가 소멸되기 때문에 상세한 내용을 다룰 실익이 없어 간략히 소개하고자 한다.

- 팀 발달 단계별 특징

1단계: 형성기(Forming)

협업 팀의 첫 시작을 상상해 보자. 공동의 목표에 대한 막연한 열망은 있지만 구체적으로 무엇을 해야 할지 모르는 상황이다. 예를 들어, 지역별 축구대회 우승이라는 목표 하나로 인근의 낯선 사람들이 같은 유니폼을 입고 있는 수준과 비슷하다. 초기에는 리더를 매개로 상호작용이 일어나게 된다. 협업 팀원들 상호 간에 아직 서먹한 부분이 있다.

<관찰되는 특징>

– 친숙하지 않은, 머뭇거리는 모습을 보임

– 해야 할 일을 잘 알지 못함

– 표면적인 관심, 미흡한 경청

– 낮은 몰입 수준

– 기여하려는 의욕과 상처받을 것에 대해 염려함

– 불안하고 리더에게 의존함

리더는 팀으로 이곳에 모인 이유에 대해서 명확히 알려줘야 한다. 협업 팀원 입장에서도 리더의 개입을 환영한다. 그러므로 리더는 개인의 역할과 과업 수행에 초점을 둔다.

구체적인 목표를 설정하도록 돕는 가운데 지시하고 강하게 밀어붙여야 하는 상황이 종종 있다. 구체적인 방향을 상세하게 제시해야 한다. 팀원 입장에서 다른 해석이나 가정을 하지 않도록 명확해야 한다. 이 단계에서 리더는 '지시형 리더십 스타일'을 발휘하는 것이 적합하다.

2단계: 혼돈기(Storming)

팀 발달 단계는 선행 단계를 거치지 않고, 퀀텀 점프하지 않는다. 반드시 겪어야 하는 발달 과제와 비슷하다. 혼동기는 사춘기의 모습을 떠올려봐도 무리가 없다. 누구나 겪어야 하는 혼돈의 과정이라면, 조금 더 빨리 큰 충격이 없이 마무리되도록 개입해야 한다.

<관찰되는 특징>

- 스트레스, 혼란
- 구성원들 간 불신 표출
- 비판, 도전, 공격과 민감한 감정적 반응, 성격 갈등
- 업무를 공유하고 그룹 형성에 대한 저항감
- 일은 조금씩 달성함

리더는 협업 팀 구성원 간 상호작용이 원활하게 일어나도록 돕는 데 초점을 두어야 한다. 서로 어느 정도 아는 사이로 각자의 성향과 스타일을 감추지 않는다. 그레이존의 모호함 때문에 발생하는 의견 대립 과정에 불필요한 오해와 갈등이 없는지 유심히 관찰해야 한다.

이 단계에서 리더는 갈등관리와 문제해결을 돕는 해결사 역할을 수행한다. 리더는 구성원을 설득하고 조언을 제시하는 형태의 개입을 하는 '코치형 리더십 스타일'을 발휘해야 한다. 방치하거나 묵과해서는 공정성 지각과 직무 몰입에 이슈가 생길 수 있다.

3단계: 규범기(Norming)

규범기에 이르면, 협업 팀은 다른 조직과 차별화되는 공통의 정체성이 서서히 생기기 시작한다. 협업 팀원들은 서로를 공동의 목표 달성을 위해 협력하는 존재로 인식하고, 차츰 신뢰의 수준이 높아지게 된다.

<관찰되는 특징>

– 감정이 건설적으로 표출되는 개방적 분위기

– 팀과 일에 대한 관심 향상
– 합의에 의한 문제해결 횟수 증가
– 명확해진 행동규범
– 상호 인정과 신뢰감 증대
– 즐거움을 갖기 시작하고 보다 창의적이 됨
– 양호한 수준의 성과 달성

리더는 협업 팀의 다양한 과제들의 상호작용을 촉진하는 데 초점을 둔다. 각 세부 과제들의 원만한 흐름과 우선순위, 프로세스에 집중해야 한다. 이를 위해 일하는 방식인 프로세스를 명확히 하고 향상시키는 데 개입해야 한다.

중요한 것은 일방적 제시가 아닌 협업 팀원들의 참여라는 과정을 통해서, 프로세스를 만들어 나가야 한다. 이 단계에서 리더는 '참여형 리더십 스타일'을 발휘하며, '퍼실리테이터' 역할을 수행한다.

4단계: 성취기(Performing)

협업 팀은 기대하는 발달 수준에 도달하여, 최고의 성과를 창출하는 단계이다. 협업 팀원들은 전체 협업 프로젝트의 성공을 위해 스스로 최적의 방안을 도출하기도 한다. 신뢰 수준 향상과 함께 소속감과 자부심도 높아진다.

<관찰되는 특징>

– 전체가 협동적으로 행동함

– 역동적인 에너지, 열정

– 높은 수준의 솔직함과 신뢰 수준

– 상호 지원하는 태도, 조직시민행동

– 개인적인 성장, 자부심

– 높은 성과

리더는 협업 팀원들에게 적극적으로 권한을 위임해도 무리가 없는 상황이다. 자율성과 책임을 기반으로 일하는 환경을 조성한다. 리더는 기존의 개입 수준을 가장 낮추는 '위임형 리더십 스타일'을 발휘하며, '코치' 역할을 수행한다. 협업 팀이 지속적으로 성장하는 과정을 관찰하고, 때에 따라서 지원을 하는 소극적 역할에 초점을 둔다.

5단계: 해체기(Adjourning)

협업 팀의 목표 달성이 끝나게 되고, 각자의 위치로 해산하는 단계이다. 리더는 협업 프로젝트 과정에서 학습한 것과 중간 산출물 등을 '성찰'하는 시간을 의미 있게 마련해야 한다. 재발 방지를 위한 주의사항과 확대 적용이 필요한 우수사례에 대한 공유 등을 실시한다. 경험을 의미 있는 학습을 통해 조직자산으로 만들 수 있는 중요한 단계로, 리더는 학습코치 역할을 수행한다.

구분	형성기 Forming	혼돈기 Storming	규범기 Norming	성취기 Performing
특징	불확실성, 우려와 공감 부족	대립과 갈등, 의견 불일치	조화와 협력, 명확성과 신뢰	자신감과 성과 문제해결
'과업'상의 목표	목적, 과업 인식	역할 명료화	프로세스 정립	성취
'관계'상의 목표	상호의존성 인식	다양성 존중	참여, 상호 지원	자율과 책임, 자긍심
리더의 역할	• 정보 탐색 • 과업과 목표의 확인 • 기대 명확화 • 관계의 형성 • 목표의 수용	• 역할과 책임의 명료화 • 리더십과 통제력의 발휘 • Win–Win 해결책의 협상 • 스트레스에 대한 공동의 해결책 마련	• 표준이 되는 절차를 설정 • 타인에 대한 지원, 격려 강화 • 서로의 차이를 조정, 인정 • 문제에 대한 개방적 태도	• 충분한 신뢰감 • 집단 일체감 형성 • 합의를 통한 의사결정 • 위임 • 책임감 공유 • 자율적 실행

- 팀 발달 단계의 주요 특징

첫째, 팀 발달 단계 모델은 '팀이 성숙하는 과정'을 설명한다.

과업 수행의 결과 수준을 높이기 위한 일하는 방식뿐 아니라, 관계 측면의 신뢰와 자부심 형성도 중요하게 다룬다. 이 과정은 '집단차원의 발달과 성장'을 잘 설명한다. 그러므로 '학습을 통한 생산성 향상' 과정으로 볼 수 있다. 학습을 위해서는 구체적인 노력과 적지 않은 시간이 꼭 필요하다. 각 단계별 해결해야 하는 과제가 무엇이며, 이를 해결하기 위한 리더의 역할을 구체적으로 제시한다.

둘째, 팀 발달은 '명확성이 높아지는 과정'으로 볼 수 있다.

막연한 설렘과 기대감으로는 꿈을 현실로 구현하지 못한다. 초기의 높은 사기는 문제를 경험하면서 추락하게 된다. 그러나 목표와 역할 그리고 일하는 방법인 프로세스에 대해 '모호함을 줄이고 명확성을 높이는 과정'을 통해 예측 가능성이 확보될 때, 팀의 불필요한 갈등은 줄어들고 몰입도가 높아진다.

셋째, 팀 발달 과정에 필요한 리더의 역할과 개입의 초점에 대한 내용을 제시한다.

언제나 옳은 리더십 스타일은 존재하지 않는다. 팀과 팀원의 발달 상황에 적합한 스타일을 발휘할 수 있어야 한다. 초기 단계에 깊숙이 개입하던 역할을 점진적으로 줄여 나가는 모습으로 볼 수 있다. 앞에서 팀원들을 이끄는 모습에서, 서서히 뒤로 물러가 밀어주는 역할을 떠올려도 좋다. 다양한 리더십 스타일의 강점은 상황에 적합할 때 극대화될 수 있음을 알려준다.

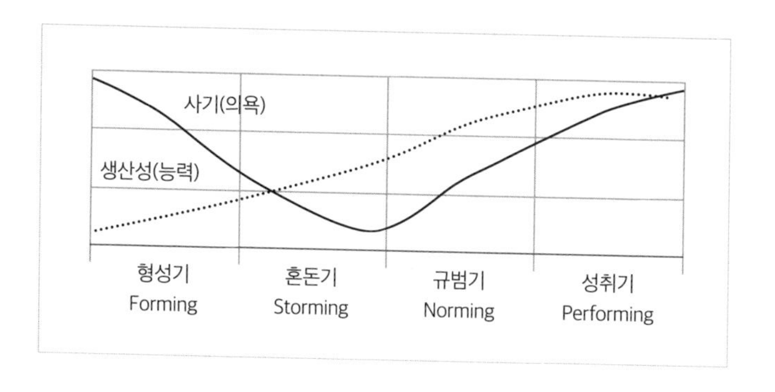

- 팀 발달 단계의 적용을 위해서는 변화 대응에 민첩해야 한다

리더는 협업 팀의 발달 단계를 점검할 수 있는 '특징적 행동'을 지속적으로 관찰해 봐야 한다. 이를 바탕으로 적합한 역할과 리더십 스타일을 선택할 수 있다. 다음 단계로 성장하도록 초점을 명확히 하고, 이에 적합한 개입 방법을 결정해야 한다.

여기 꼭 주목해야 할 부분이 하나 있다. 만약 협업 팀의 구성원 변동이 생겼거나, 추진 목표와 방법에 중대한 변화가 발생했다면 중요한 변곡점이 될 수 있음을 염두에 두어야 한다. 이런 변화 상황에서는 기존의 발달 단계보다 퇴보하는 것이 보편적이다. 예를 들어, '규범기'의 행동들이 관찰되던 상황이라면 '혼돈기'나 '형성기'로 내려가게 된다. 절대로 '기존의 수준'을 유지하기 어렵다. 왜냐하면 기존의 역할과 관계 등이 변화의 영향을 받기 때문이다. 새롭게 정립하는 과정이 꼭 필요하다.

그러므로 리더는 '변화 관리' 차원에서 '변화 이슈'를 빠르게 포착하고 민첩하게 대응해야 한다. 협업 프로젝트 추진 목표와 범위 등과 관련한 사항이라면, 배경과 정보를 명확하고 신속하게 전달해야 한다. 협업 팀원들의 혼동과 불안감을 예방하는 데 효과적 방법이 된다. 협업 팀원 변동의 경우라면, 공식적인 OJT 과정을 운영하여 공유된 정보와 방향을 인식하도록 도와주어야 한다. 이때 기존 협업 팀원들과 일대일 미팅도 자연스럽게 진행될 수 있도록 시간을 배정하는 것이 좋다. 상호이해도를 높이고, 친밀감을 형성하는 데 효과적이다.

이상에서 살펴본 바와 같이 팀이 높은 단계로 발달하도록 이끄는 것은 협업의 성공에 꼭 필요한 과정이다. 별도의 장에서 협업 팀의 이슈와 모호함을 해결하는 스킬, 그리고 협업 프로세스와 집단지성을 촉진하기 위한 스킬을 심도 있게 학습할 예정이다. 본 장에서는 팀 발달 단계의 가장 첫 번째이자 중요한 '신뢰 구축'에 대한 내용을 보다 깊이 다루겠다.

상호 신뢰의 구축

- 협업 성공의 가장 중요한 요소, 신뢰

인간의 협력을 촉진하도록 돕는 제도, 규범, 네트워크, 신뢰 등을 모두 일컬어 '사회적자본Social Capital'이라 부른다. 미국의 사회학자 퍼트넘Robert David Putnam 교수는 사회적자본 중 으뜸은 '신뢰'라는 점을 강조한 바 있다. 바꾸어 말하자면, 사회적 협력을 이끄는 여러 요인 중 신뢰를 가장 중요한 자본으로 볼 수 있다는 의미이다.

공동체 구성원 간 신뢰 수준이 높을수록, 소통과 거래의 비용이 낮고 효율성은 높아진다. 생산성과 소득이 증가하는 것은 자연스런 귀결이다. 그러므로 전제가 되는 토대로서 매우 중요한 자본으로 볼 수 있다. 협업의 성공 요인에 대한 설명을 통해서도 이미 확인한 바 있다. 협업 팀의 전문성이나 다양한 자원보다 관계적 수준을 결정하는 신뢰가 더 중요한 것으로 나타났다.

신뢰는 추상적이지만, 측정할 수 있고 가격도 매우 높다. 신뢰는 눈으로 쉽게 관찰하거나 측정하기 곤란한다. 그러나 우리는 이미 측정하여 다양한 목적으로 활용하고 있다. 예를 들면, 개인 차원에서는 '신용도'가 그것이고 기업 차원에서는 '브랜드'이다.

사회적 합의를 거쳐서 신용도와 브랜드를 측정하고 누적적으로 관리하고 있다. 이를 비용으로 환산하는 것은 어렵지 않다. 개인 차원에서 대출을 생각해보면, 신용도에 따라서 수수료인 이자율이 차이가 나기 마련이다.

신용도가 낮은 사람의 경우 높은 대가를 지불해야 한다. 기업의 브랜드는 로열티 사용료와 주식의 가격과 시장점유율 등을 통해 쉽게 확인이 된다. 기업 인수합병 시장에서 높은 가격으로 거래되는 기업들은 대부분 '브랜드 인지도와 선호도'가 매우 높다.

- 신뢰를 높이는 방법

첫째, 친밀감 형성부터 오랜 시간 노력이 필요하다.

신뢰는 갑자기 형성되거나 하루아침에 높일 수 없다. 단계적으로 발전하게 된다. 서로 알고 인사를 나누는 관계에서 개인적 생각과 감정을 교류하는 친한 관계로 발전한다.

개인적 관계에서는 상대방이 말한 것을 지키는 행동을 '신뢰 점수 1포인트' 올리는 것으로 이해해도 좋다. 마치 신용도와 비슷하다. 적어도 일정한 기간 동안 약속을 지키는 일관된 모습을 몇 차례는 보여주어야 한다.

정리하자면, 협업 팀 구성원들 상호 이해를 바탕으로 친밀감을 형성하는 단계를 반드시 거쳐야 한다. 이 책에서 일관되게 언급하고 있는 협업 팀의 성공 요소는 주로 서양의 사례와 연구가 바탕이었다. 계약적이고 거래적 관계에 익숙한 저맥락 서양문화에서도 관계와 신뢰를 매우 중요하게 생각하고 있다는 방증이다. 서양의 비즈니스 커뮤니케이션에서 스몰톡small talk과 아이스브레이킹icebreaking 또는 라포Rapport 형성을 강조하는 이유와 같다.

둘째, 상대방을 먼저 신뢰하는 것이 효과적이다.

협업은 사회적 상호작용의 협동, 윈윈, 상생의 가치를 추구한다. 한 단계 높은 관계를 만들기 위해서는 먼저 신뢰하는 것이 가장 효과적인 전략이 될 수 있다. 미국의 정치학자 로버트 엑셀로드Robert M. Axelrod 교수는 1984년 『협력의 진화The evolution of cooperation』라는 책을 통해 이를 구체적으로 입증했다.

우리에게는 '죄수의 딜레마'라는 게임이론으로 널리 알려진 이야기다. 피의자 신분으로 수사를 받고 있는 두 공범자가 있다. 그 둘은 서로 만날 수 없는 상황이다. 수사관은 상대방의 범죄 사실에 대해 진술하면 형량을 경감시켜 준다고 회유하고 있다. 공범자들 입장에서는 두 사람 모두 진술을 거부하고 침묵하는 것이 가장 현명한 선택이 될 수 있다. 문제는 상대방이 이를 배신해서 수사관에게 자백을 할 가능성

* 두 사람은 만날 수 없는 상황 * 상대의 신뢰/배신을 예측하기 곤란함		죄수 B	
		묵비권	자백
죄수 A	묵비권	A: 징역 1년 B: 징역 1년	A: 징역 10년 B: 무죄
	자백	A: 무죄 B: 징역 10년	A: 징역 5년 B: 징역 5년

이 있다는 것이다. 만약 나는 침묵했지만 상대방이 자백할 경우 자신만 손해를 보는 상황이다.

나와 상대방 모두에게 최선의 선택은 묵비권을 행사하는 것이다. 최악의 선택은 상대방이 배신해서 자백한 경우이다. 가장 높은 징역 10년 형을 선고받게 된다. 죄수 A와 B 입장에서 이러지도 저러지도 못하는 상황이므로 '죄수의 딜레마'라고 이름을 붙였다.

엑셀로드는 전 세계 학자들을 초대해서 각자 전략을 가지고 게임을 진행했다. 이 게임에서 가장 높은 승점을 획득한 전략이 '텃포탯tit for tat' 전략이었다. 우리말로 번역하면 '눈에는 눈, 이에는 이' 전략이다.

구체적으로 살펴보면, 일단 무조건 상대가 약속을 지킬 것이라는 믿음 아래 결정하는 것이다. 만일 상대가 배반한다면 '다음 경기에 같이 배반'을 결정하는 것이다. 즉시 명확하게 복수하는 전략이었다. 이후 '상대가 사과하면 언제든지 이를 용서'하고 다시 신뢰를 결정하는 것이다.

물론 게임에는 본래 죄수의 딜레마와 달리, 상대방과 소통할 수 있고 거래를 장기적으로 지속한다는 전제가 있었다. 이를 바꾸어 생각해보면 상대방과 긴밀하게 소통하고 장기적 관점을 공유한다면 '모두를 위한 윈윈의 선택'을 할 수 있다는 점이다. 반대로 고립된 상황에서 '자신에게 가장 유리한 선택'을 하게 되면 '최악의 결과'를 마주할 수밖에 없는 셈이다. 단기적 이익으로 접근하게 된다면, 거래를 지속할 수 없다는 점을 시사하기도 한다.

요약하자면, 상대를 먼저 신뢰하는 행동이 장기적으로 가장 이익이 되는 결과를 얻을 수 있음을 보여준다. 협업 상황이라면 더욱 그렇다. 상호의존성을 기반으로 장기적 관점을 갖고 긴밀하게 소통한다면 배반보다는 먼저 신뢰를 보여주는 것이 가장 훌륭한 전략이 될 수 있다.

협업 팀의 리더라면 추진 과제의 방법과 일정 등에 대해서 협업 팀원의 자율성을 최대한 존중해주는 과정을 통해서 발휘할 수 있다. 상대방이 약속한 역할과 책임에 충실히 임할 것을 믿는다는 메시지를 '구체적으로 표현'하는 것이 효과적이다. 명확한 기대감 표현으로 '피그말리온 효과'를 기대할 수 있다.

대다수의 선량한 협업 팀원들은 리더의 기대치를 충족시키기 위해 최선을 다해 노력할 가능성이 높다. 협업 팀의 경험과 의욕이라는 차원에서, 우려되는 부분이 있다면 신뢰를 표현하면서 언제든지 도움을 제공할 수 있다는 사실을 자연스럽게 알려주는 것도 방법이다.

만약 육성 차원의 주니어가 수행하는 경우 계획에 대한 방향을 공유 요청하는 것이 좋다. 그 내용을 들으며 수정과 보완이 필요한 부분에 대해서 사전에 조언을 제공할 수 있다. 수행 결과에 대한 품질을 피드백하는 것보다, 계획에 대한 조언을 제공하는 '피드포워드feed-forward'가 수용도도 높고 구체적인 도움이 될 수 있다.

협업 팀 고유의 문화 구축

- 집단의 문화는 힘이 세다

문화란 매우 포괄적인 개념이다. 이를 쉽게 이해하려면 인간의 역사를 살펴보면 된다. 수렵과 채집 생활을 하던 고대인들은 약 1만 년 전 가축과 농경생활을 하기 시작했다. 집단을 이루어 한 지역에 오랫동안 머물러 사회를 형성하게 되었다.

문화Culture는 원래 농업의 영어 표현 Agriculture와 어원이 같다. 이는 '경작하다'라는 라틴어 Cultus에서 유래한 것이다. 이를 종합해보면, 문화는 인간이 공동체를 이루어 정착하며 공유하게 된 생활양식과 언어, 가치관, 제도 등을 총망라하는 개념이다. 인간은 문화를 통해 공동체의 지식을 공유하고, 영속적인 발달을 꾀했던 것이다.

문화는 공동체 전반에 영향을 미치고, 후대에 전수되는 사회화 기능도 수행한다. 명시적인 것도 있지만 암묵적인 형태도 많다. 그러므로 집단 구성원 전체에 매우 큰 영향력을 행사하기 마련이다. 자연스럽게 공동체의 '가치'를 나의 것으로 '내재화'하게 된다. 협업 팀 문화는 견고한 신뢰 형성뿐 아니라 높은 시너지 발휘를 지향해야 한다.

- 협업 팀은 팀 발달 단계를 통해 새로운 문화를 형성한다

협업 팀의 경우, 낯선 사람들이 새롭게 팀을 형성한 상황이므로 새로운 문화를 만들어가야 하는 상황으로 볼 수 있다. 팀 차원의 문화라고 하면 '일하는 방식' 다시 말해 '중요 프로세스'가 구체적인 모습이 될 수 있다. 예를 들면 다음과 같다.

- 의사소통 방식: 정기와 비정기 회의, 정보 공유와 의견 교환, 대면과 비대면 등
- 의사결정 방식: 권한 범위, 집단의사결정 방법 등
- 문제해결 방식: 문제해결 프로세스, 양식, 용어 등
- 갈등관리 방식: 표출 방식, 처리 방법, 공식 또는 비공식 절차 등

– 회식, 근무 형태, 호칭, 휴가사용 등

만약 이질적 배경을 가진 구성원들이 팀을 형성했다면 어떨까? 협업 팀의 리더 입장에서는 매우 중요한 과제가 아닐 수 없다. 나와 상대방이 공유하는 부분이 매우 적다는 점을 인정하고 처음부터 시작해야 한다. 각자 익숙했던 과거 방식의 우위를 논쟁하기보다는 상황에 맞는 방식을 선택해야 한다.

이때 공통의 목표를 향한 열망은 중요한 구심점이 된다. 무엇보다 상대방에 대한 인정과 존중을 기반으로 함께 만들어가야 한다. 함께 공감대를 바탕으로 공유하는 영역을 넓혀가야 한다. 조급한 마음에 일방적 지시와 전달은 자제해야 한다. '공감'이 전제되지 않으면 진정한 '합의'에 이르기 어렵다. 형식적으로 동의 절차를 거쳤지만 이후 갈등의 불씨가 언제 커질지 모른다.

- 협업 팀 프로젝트의 효과적인 전략, 팀 빌딩 워크숍

모든 인간은 초기의 경험에서 자유롭기 어렵다. 첫인상을 바꾸기 위해서는 많은 노력이 필요하다. 초기에 긍정적 감정이 형성될 수도 있지만 반대의 경우도 존재한다는 사실에 주의를 기울여야 한다. 무엇보다 초기에 어떤 입장을 정하게 되면 쉽게 바꾸지 않는 '일관성의 법칙'이 작동할 가능성이 높다는 점을 경계해야 한다.

협업 팀의 리더 입장에서 초기에 긍정의 감정을 형성하기 위한 전략으로 '팀 빌딩 워크숍'을 실행할 수 있다. 상호 이해를 위해 구성원들과 일대일 미팅도 진행하겠지만, 전체가 함께 모이는 시간을 갖는 것은 또 다른 의미가 있다.

국내 최고의 SI 업체에서는 대형 프로젝트를 시작하는 초기 단계에 팀 빌딩 워크숍을 전문적으로 설계하고 운영하는 부서가 별도로 존재한다. 다양한 이해관계자들이 참여한 가운데, 공통의 목적을 명확히 하고 서로에 대한 신뢰를 형성하기 위한 활동으로 오랫동안 이어져 오고 있다. 참가자들의 반응과 효과는 매우 높다.

팀 빌딩 워크숍은 협업 팀 프로젝트 착수 단계 또는 초기에 실시되어야 한다. 가능한 많은 인원이 참여해야 하겠지만, 전원이 참여해야 한다는 이유로 시점이 미뤄져서는 안

된다. 시의성이 그 효과에 영향을 미치기 때문이다.

팀 빌딩 워크숍에서 환경 조성이 성공에 크게 기여한다는 사실은 희망적인 요소이다. 신뢰 형성과 문화에 대한 첫인상 형성이라는 심리적인 요소를, 지극히 물리적인 환경으로 조성하는 셈이다. 실제 무의식적 환경은 참석자들로부터 편안하고 열린 마음을 이끌어 내기도 한다.

적어도 4시간 이상의 연속된 충분한 시간을 확보할 수 있어야 한다. 워크숍 전후에 바쁘거나 중요한 일정이 생기지 않도록 우선순위를 확보해야 한다. 장소는 온전히 몰입할 수 있는 환경을 선정해야 한다. 주위 소음이 차단되고 시선이 분산되지 않는 곳이어야 한다.

좌석의 경우 라운드형으로 배치하여 참석자들이 서로 아이 콘택트가 가능해야 한다. 참석자들 상호 간의 접촉 빈도를 높이기 위해서 낯선 배경의 협업 팀원이 옆에 앉도록 좌석을 미리 정해두는 것도 좋다. 좌석 배치표를 안내하고 명패를 부착해 두면 자연스럽게 착석한다. 몇 가지 다과류를 준비하되, 각자 선호하는 음료를 미리 신청 받아 준비해 두면 환영과 존중의 메시지를 효과적으로 전달할 수 있다.

세부 프로그램 구성은 목적과 심리적 흐름을 고려하여 운영하면 효과적이다. 참석 인원, 환경 등을 종합적으로 고려하여 유연하게 구성할 수 있다. 그럼에도 '자기소개'와 '그라운드룰 만들기'는 꼭 필요하다.

자기소개를 위해 사전에 양식을 제공해야 한다. 개인적인 관심사를 자연스럽게 공개하도록 양식을 구성하면 효과적이다. 협업 팀원들에게 '자신이 기대하는 소통 방식'을 작성하는 항목은 매우 유용한 정보가 된다.(예: ○○ 방식은 피해주세요, ○○ 방식으로 해주세요!)

존중과 배려 등 즐겁게 일하기 위해 꼭 지켰으면 하는 '그라운드룰'을 함께 만드는 시간이 반영되어야 한다. 이 과정에서 자유롭게 토의하고, 함께 의사결정하는 기회를 갖게 된다. 협업 팀의 리더는, '개인의 의사'를 최대한 존중한다고 느낄 수 있도록 하되 팀의 의사결정이 다르다면 이를 받아들여야 한다는 점도 경험하도록 이끌 수 있다.

<프로그램 예시>

프로그램	세부 내용
목적 공유	프로젝트 현장 공유, 워크숍 목적 공유, 참여 격려
자기소개	개인적 관심사, 전공, 경력 일하는 방식의 기대사항
게임	소규모 그룹별 대항, 개인 Quiz 참석자 간 토의와 참여가 필요한 활동
커뮤니케이션 스타일 진단	DISC, MBTI 등의 진단 유형별 특징 이해, 다양성 존중
그라운드룰 만들기	존중과 배려, 즐거운 일터, 긴밀한 소통과 협업을 위해 지켜야 할 약속 정하기
성공에 대한 기대와 다짐 공유	함께 그림 그리기, 기대 작성하기, 다짐 공유하기, 기념사진 촬영

협업 팀의 공유하는 부분을 고려하여 유연하게 설계하고 운영할 수 있다. 이미 충분히 잘 알고 있는 상황이며 간소한 방식이더라도 '공감대 형성'을 위한 시간을 꼭 운영할 것을 권하고 싶다. 팀 빌딩 워크숍을 통해 신뢰 형성의 토대를 마련하고, 협업 팀의 문화에 대한 이미지를 보다 구체화할 수 있을 것이다.

- 긍정적 문화 형성을 위한 소소한 이벤트 실시

협업 기간에 따라 달라질 수 있겠지만, 리더 입장에서 가장 쉽게 접근할 수 있는 것이 희로애락의 감정을 공유하는 것이다. 축하, 위로, 격려가 필요한 상황을 놓치지 말고 '의미 부여'를 할 수 있다. 사소하지만 부담되지 않게 인정Recognition하는 방식을 생각해 볼 수 있다.

협업 팀 전체와 개인적인 소통을 진행할 때, 나름 효과적으로 공감하는 방식으로 '형식을 정형화' 하는 것도 좋다. 협업 팀원들이 공감하고 합의했다면 예측 가능성을 높여주는데 도움이 된다. 예를 들어, 전체 미팅 시 준비는 성명 순서대로 담당한다. 유용한 경험과 정보를 공유하는 '학습 미팅'은 매월 1회 목요일 미팅에서 실시한다.

이상에서 살펴본 바와 같이, 협업 팀의 발달 단계는 전체 목표 달성과 깊은 관련이 있다. 상위 단계로 발달하지 못하면 시너지를 기대할 수 없다. 리더 입장에서 발달 단계에 적합한 과제와 개입 방식을 선택해야 한다. 그 핵심은 협업 팀의 '상호 신뢰 수준'과 '명확성'을 높이는 것이다. 리더는 팀 빌딩 워크숍을 통해 달성할 수 있다.

6장

협업 추진 과정의 주요 이슈와 해결 방법은?

협업 팀의 신뢰 형성이 어느 정도 되었다면, 과업 차원의 '명확성'을 높이는 것이 필요하다. 실제 협업 프로젝트를 추진하는 과정에 모호한 이슈들이 적지 않게 발생한다.

- 목표 달성을 위해 어떤 과제들이 필요한가?
- 프로젝트 추진 일정은 어떻게 할 것인가?
- 과제는 어떻게 배분할 것인가?
- 잠재적인 리스크는 어떻게 할 것인가?
- 이해관계자와 어떻게 소통할 것인가?

리더는 효율적으로 협업하기 위해 이런 이슈들을 명확히 해야 한다. 대부분의 이슈들은 협업 팀원들과 참여적 의사 결정을 통해서 도출하는 것이 가장 효과적이다. 구체적으로 설명하자면 '워크숍 방식'을 통하는 것이다. 협업 팀원들의 상호의존성과 수평적인 구조를 반영하는 방법이다. 자유롭게 토의하되, 함께 의사결정을 한 것에 대해서는 '우리의 결정'으로 수용하는 것을 자연스런 문화로 만들어야 한다. 이에 필요한 스킬에 대해서는 별도의 장에서 깊이 있게 다룰 예정이다.

1

모호함은 줄이고 명확성은 높여라

- 성공적인 목표 달성 팀의 공통된 특성은 '높은 수준의 명확성'

협업 팀의 프로젝트 초기 단계에는 모호함이 매우 높다. 구성원들은 목표에 대한 기대감으로 참여했지만, 구체적인 방향에 대해서 동상이몽에 빠져 있을 가능성이 있다. 각자의 입장에서 익숙한 방식이 아닌, 공통의 방식을 활용해야 한다.

상황이 명확하지 않은 경우, 협업 팀원들은 방향감을 상실하게 되고 불안감이 높아지게 된다. 각자의 입장에서 익숙한 방식이나 이익이 되는 방향으로 해석할 위험이 존재한다.

프로젝트가 진행됨에 따라 방향을 수정하는 비용은 빠르

게 증가하게 된다. 그러므로 초기 단계에서 프로젝트 헌장의 내용을 보다 세분화하고 구체화하는 과정은 매우 중요하다. 이를 통해 프로젝트 추진 방향에 대한 명확성을 높이고, 협업 팀원들의 몰입을 촉진할 수 있다.

- 프로젝트 헌장Project Charter을 보다 상세화해야 한다

구체적으로 명확성을 높이기 위해서는 다음의 질문에 대한 구체적인 답변을 만들어 보는 과정이 필요하다. 대부분

구분	질문	세부 내용
6W	Why	• 추진하는 배경이나 목적 또는 취지 • 무엇을 위한 프로젝트인가?
	Whom	• 프로젝트 결과에 영향을 받는 범위나 사람 • 고객은 누구인가?
	When	• 추진 기간, 시작과 종료 날짜 • 중요한 일정?
	What	• 추진 범위, 산출물 • 명시적 요구사항과 암묵적 기대사항?
	Where	• 추진 장소?
	Who	• 승인자, 합의자, 협의자, 실행자 • 이해관계자는 누구인가?
3H	How	• 추진하는 절차와 방법, 도구?
	How much	• 투입 예산 및 결과로 나타나는 수익(효과) • 예산의 범위와 산출 근거?
	How long	• 진행되는 단계별 소요 일정 • 지연이 허용되는 기간?

협업 초기 단계에 공유했던 '프로젝트 헌장'에 반영이 되어 있다. 그러나 대략의 방향성을 중심으로 간결하게 작성 또는 합의한 내용에 불과하기 때문에 실제 실행 단계에서는 훨씬 구체적으로 구성해야 한다.

추진 방법에 대해서는 작업분류체계인 WBS를 작성하는 방법을 학습할 예정이다. 이후 이를 바탕으로 '일정과 리스크'를 관리할 계획 수립 방법을 살펴보겠다. 마지막으로 '이해관계자'를 효과적으로 관리하는 방법을 다루겠다.

- 전략적 접근을 위한 효과성과 효율성 확보

협업 프로젝트의 성공적 추진을 위한 방법을 구체화할 때 전략적 관점이 매우 중요하다. 본래의 목표를 달성하기 위한 방향과 일치해야 한다.

전략이란 본래 전쟁에서 적과 싸워 이기기 위한 방법을 의미했다. 대부분 승리를 위한 여러 가지 방법들 중에서 최선의 것을 선택하고 집중하는 영역을 말한다. 이를 경영에 접목하여, 기대하는 목표 달성을 위한 다양한 방법들 중에 최선의 것을 '경영 전략'이라고 부른다. 타깃 고객을 위한 시장에서 경쟁자와 싸워 이기기 위한 나름의 선택과 집중하는 방법을 생각해 볼 수 있다.

이때 고려해야 하는 개념이 효과성과 효율성이다. 효과성effectiveness은 목표 달성에 얼마나 도움이 되는지를 의미한다. 예를 들어, A라는 질병을 가진 환자를 치료하기 위해서 수술과 물리치료, 약물치료 등을 고려할 수 있지만, 이 중 환자의 상태를 고려해 볼 때 가장 확실한 방법은 수술 방법이 될 수 있다.

반면 효율성efficiency은 투입하는 노력과 결과가 얼마나 큰지를 의미한다. 보다 적은 시간과 돈을 투입하고 같거나 더 큰 결과를 올릴 수 있다면 효율성이 높은 방법으로 볼 수 있다. 예를 들어, A라는 질병의 다양한 치료 방법 중 환자 건강 상태와 증상을 고려해 볼 때, 비용은 낮지만 동일한 완치 효과를 기대할 수 있는 약물 치료 방법을 선택할 수도 있다.

효율성과 효과성을 잘 반영한 개념이 파레토 법칙Pareto principle이다. 이탈리아 경제학자 파레토는 1900년경 이탈리아 상위 20% 부자들이 전체 부의 80%를 소유하고 있음을 확인하고, 이를 확대한 것이다. 즉 전체 결과의 80%는 다양한 원인 중 20%에 의해서 발생한다고 볼 수 있다. 전략 측면으로 생각해보면, 가장 핵심적인 20%에 집중하게 되면 80%의 결과를 얻을 수 있으므로 매우 효과적인 접근이 될 수 있는 셈이다.

전략 수립과 문제해결 과정에서 전략은, 파레토 법칙과 핵심 성공 요소Critical Success Factor 또는 킹핀King Pin, 핵심 요인Vital Few이라는 용어로 대체하기도 한다. 표현 방식은 다르지만 모두 동일하게 '핵심에 집중하라'는 개념을 설명한다.

이상에서 살펴본 바와 같이, 협업 목표 달성을 위해 다양한 의사결정 상황에서 적용해야 하는 공통 기준은 '효과성과 효율성'이다. 두 가지 모두를 충족하는 방법을 선택해야 한다. 주요 이슈를 해결하는 과정마다 협업 팀원들의 다양한 아이디어를 통해서 전체 선택 가능한 양을 늘리고, 효과성과 효율성 측면을 평가하고, 이를 만족하는 아이디어를 선택하는 것이 효과적이다.

작업분류체계(WBS) 작성하기

- 작업분류체계WBS, Work Breakdown Structure의 정의와 목적

협업 프로젝트의 범위와 최종 산출물을 작은 단위로 분해하여 체계적으로 구성한 자료를 의미한다. 대규모의 프로젝트라고 해도 작은 단위로 세분화하면 보다 구체화되고 정교화가 가능하다. 이를 통해 프로젝트의 명확성을 높이고 더 나아가 성공을 이끌 수 있다. 그렇다면 작업분류체계, 즉 WBS를 작성하는 목적은 무엇일까?

첫째, 프로젝트 실시 작업 전체와 부분을 구조적으로 이해하는 것이 목적이다.(어떤 활동을 수행해야 하는지 설명, 과업의 누락 방지)

둘째, 협업 팀과 이해관계자 간의 효과적인 소통과 협력이 목적이다.

셋째, 각 작업의 담당자가 누구인지 명확히 하고, 관리의 기준 제시가 목적이다.(책임 인식, 몰입, 협업 팀의 결속력 촉진)

넷째, 프로젝트 전반에 투입할 인력, 자원, 비용, 일정의 추정 및 검증이 목적이다.

– WBS의 작성 방법

1단계: 산출물 도출을 위한 하위 작업 단위로 분해한다.

협업 프로젝트의 고객과 승인자와 약속한 결과물 도출에 필요한 하위 과업으로 분해한다. 분해한 과업의 크기는 작업 수행의 효율 및 완결성을 중심으로, 한 사람이 수행할 수 있는 최소 단위까지 분해한다.

예시된 레벨로 볼 때, 레벨 4까지 WBS 작업에서 명확히 도출한다. 레벨 5의 경우, 해당 과업의 담당자 주도적으로 세분화 작업을 실시한다. 실제 각 프로젝트의 규모와 작업 방식에 따라서 레벨은 많아지거나 줄어들 수 있다.

세분화된 작업work 단위는 MECE(미시)의 원칙을 충족해야 한다. 아무리 복잡한 상황이라도 이를 작은 단위로 세분화하면 간단한 형태로 단계적으로 해결할 수 있다. 이런 과정

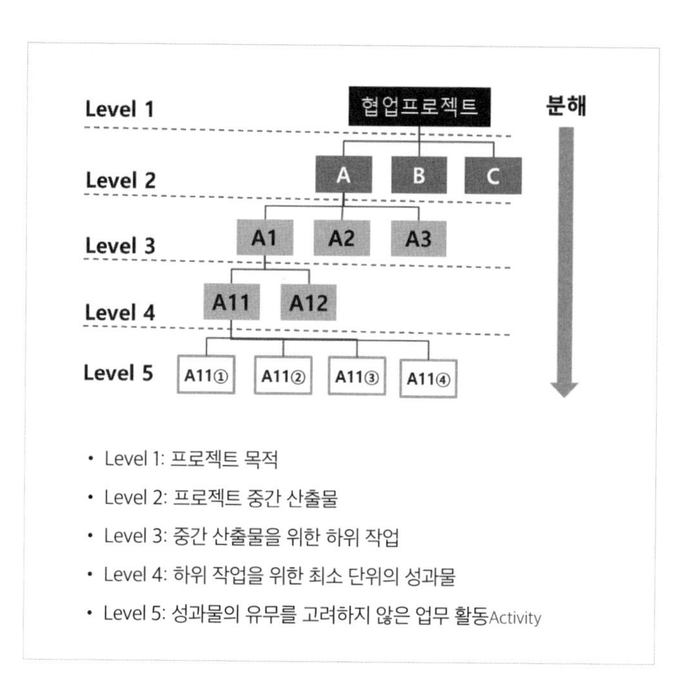

을 통합한다면, 전체의 퍼즐을 맞추는 것처럼 처음 의도하던 목표를 달성할 수 있게 된다. 그러므로 잘게 세분화하는 '분석' 과정과 이를 합치는 '통합' 과정에 주목해야 한다.

MECEMutually Exclusive Collectively Exhaustive란, 맥킨지에서 고안한 분석의 원칙으로 오늘날 보편적으로 통용되는 원칙이다. 분석의 결과가 '중첩이 없고, 누락이 없어야 한다'는 것을 의미한다. 마치 한 장의 그림을 수많은 작은 퍼즐로 나누는 과정을 떠올려 봐도 좋다. 각각의 퍼즐은 서로 중첩되는 부분이 없도록 쪼개야 한다. 그리고 나눈 퍼즐들을 합쳤을 때 누락되는 부분이 없어야 한다.

소비자를 분석한다면, 기준에 따라서 남성과 여성으로 나눌 수 있다. 판매 채널을 분석한다면, 온라인과 오프라인으로 나눌 수 있다. 두가지 사례 모두 해당 주제 전체를 중첩과 누락 없이 분류할 수 있으므로 MECE 원칙을 충족한다. 그러나 직업이 있는 남성과 직업이 없는 여성으로 나눌 경우 누락되는 요소들이 발생하므로, MECE 원칙을 충족하지 못한다. 마찬가지로 대리점 채널과 오프라인 채널로 구분하는 경우 중첩이 발생하므로 MECE 원칙을 충족하지 못한다.

2단계: 분해한 작업들을 구조화하여 가시화한다.
분해한 작업은 다음의 질문을 활용하여 검토한다.
– 업무의 수행 범위가 중복되거나 누락된 부분이 있는가?
– 가급적 산출물이 명확한 단위로 분할되어 있는가?
– 각 레벨은 상위 레벨보다 작은 범위이며, 같은 레벨은 동일한 기준으로 분할되어 있는가?

검토를 마친 작업을 시간적 흐름과 선행 작업 및 후행 작업의 고정 프로세스를 기준으로 배열한다. 시각화를 위해 활동 목록이나 막대차트 또는 네트워크 다이어그램으로 작성할 수 있다.

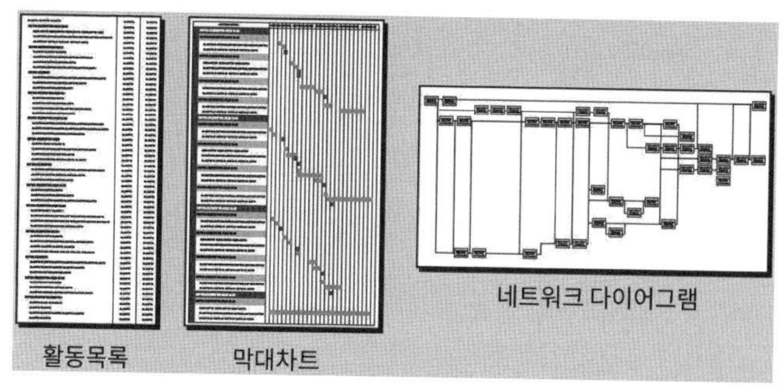

출처: PMBOK 6판 한글 버전

- 일정 계획은 간트차트를 주로 활용

일정 계획을 위해 세분화된 과업별로 예상 소요 기간을 도출한다. 해당 과업을 수행하는 데 꼭 필요한 시간과 외부 요인으로 인한 변동 가능성을 반영해야 한다.

제조업의 경우, 2년 이상의 숙련된 작업자가 수행할 수 있는 양을 표준화한 '표준공수'를 활용하기도 한다. 이를 통해 한 시간 동안 처리할 수 있는 작업량을 맨아워Man Hour,

하루 동안 처리할 수 있는 작업량을 맨데이Man Day, 한 달 동안 처리할 수 있는 작업량을 맨먼스Man Month로 적용한다.

창조적 사고와 고도의 몰입이 요구되는 서비스나 문제해결 프로젝트의 경우는 통용되는 표준공수를 찾기 어렵다. 따라서 업계 평균 레퍼런스 값이나 기존 경험 중 유사 작업에 소요된 시간을 적용할 수 있다. 이때 '열심히 노력해도 변하지 않는 고정시간'과 '변동 가능한 시간'으로 구분하여 계산하는 것을 추천한다.

마일스톤 일정

활동 식별코드	활동 설명	역일 단위	프로젝트 일정 기간				
			기간 1	기간 2	기간 3	기간 4	기간 5
1.1.MB	신제품 Z 시작	0					
1.1.1.M1	구성요소 1 완료	0					
1.1.2.M1	구성요소 2 완료	0					
1.1.3.M1	구성요소 1 및 2 통합 완료	0					
1.1.3.MF	신제품 Z 종료	0					

데이터 기준일

간트 차트 일정

활동 식별코드	활동 설명	역일 단위	프로젝트 일정 기간				
			기간 1	기간 2	기간 3	기간 4	기간 5
1.1	신제품 Z 개발 및 인도	120					
1.1.1	작업패키지 1: 구성요소 1	67					
1.1.2	작업패키지 2: 구성요소 2	53					
1.1.3	작업패키지 3: 통합 구성요소 1과 2	53					

데이터 기준일

출처: PMBOK 6판 한글 버전

향후 변경사항이 발생해서 인력과 자원을 추가로 투입하더라도 '고정시간'은 통제가 불가하기 때문이다. 그러므로 일정 산정 시 약간의 버퍼Buffer(완충 기간)를 반영하는 것은 예상 밖의 변화를 흡수할 수 있도록 돕는다.

일반적으로 일정 계획 양식은 간트차트가 가장 널리 사용되고 있다. 양식에는 WBS 결과를 통해 분해된 과업별 소요 기간과 실행 담당자까지 반영한다. 간트차트는 프로젝트의 진척도를 관리할 때 계획된 일정과 실제 진척 수준을 막대로 비교해 볼 수 있어서 직관적 파악에 유용하다. 엑셀의 자동서식을 활용하면 함수가 필요 없이 훌륭한 간트차트 구성이 가능하다.

일정 계획 수립 시 주의사항이 있는데 반드시 협업 프로젝트 초기 단계에서 해야 한다. 이때 다양한 이해관계자들을 참여시키는 것이 효과적이다. 일정 관리도 결국 프로젝트 참여자와 이해관계자 모두의 커뮤니케이션이다. 관련 이해관계자에게 일정표를 배포하고, 진행 상황을 주기적으로 공유해야 한다.

3

과업 실행 담당자 합리적으로 선정하기

- 과업 배분 과정에서의 공정성 확보

공정성은 동료의 모습을 통해서 상대적으로 지각知覺, Perception하는 요소이다. 상당히 주관적인 경험과 해석에 좌우된다. 자신과 비슷한 노력을 투입했던 동료의 결과값과 비교해서 인식한다. 이때 동료가 자신보다 더 많은 결과를 얻었다고 느끼면 공정하지 못하다고 인식하고, 과거 투입하던 노력을 줄이게 된다. 반면 과대 보상을 받았을 경우, 동료에게 죄책감이나 미안함을 느껴 이를 해소하기 위한 행동을 선택한다.

공정성 지각은 협업 팀의 몰입도와 조직 문화에 지대한 영향을 준다. 특히 동료들을 존중하고 자발적으로 돕는 '조직시민행동'이 줄어들게 된다. 공정성은 세부적으로 3가지 측면으로 구성된다.

첫째, 분배 공정성이다. 조직의 자원을 구성원들에게 공평하게 분배했는지에 대한 지각이다.

둘째, 관계 공정성이다. 리더와 구성원 또는 구성원 사이의 인간관계 상호작용에 대한 공정성 지각이다.

셋째, 절차 공정성이다. 구성원들에게 자원을 배분하는 의사결정 과정이 공정했는지에 대한 지각이다.

리더 입장에서 의도적으로 주의를 기울여도, 공정성 문제는 팀원의 주관적 지각과 관련된 것이라 완벽하게 해결하기 쉽지 않다. 세 가지 측면 중 유일한 희망은 '절차 공정성'이다. 공정성을 지각하는 중요한 의사결정 상황에서 정보를 공개하고 양방향 논의를 통해 공동의 의사결정을 유도하는 절차만큼은 리더가 확보할 수 있다. 이를 구체적으로 담아낼 수 있는 형식이 '워크숍'이다.

- 업무 배분 시 미리 합의해야 하는 기준

본래 전문 영역이 명확하다면 무리 없이 배정할 수 있다. 다만 추진 일정에 필요한 투입 가능한 시간과 노력을 비교

해볼 필요가 있다. 특정 부분에 인력보다 더 많은 과업이 몰릴 수 있기 때문이다.

문제는 특정 담당자에 귀속되지 않고, 협업 팀 전체를 위해서 수행해야 하는 과업의 경우이다. 예를 들어, 전체 살림을 챙기는 총무 또는 회계 업무, 긴급한 요청 업무, 예상하지 못한 장애 조치 등을 들 수 있다. 이를 공정하게 배분하기 위한 기준을 생각해 본다면 다음의 3가지를 제시할 수 있다.

① 일반적인 적용 기준

해당 상황의 업무량을 중심으로 배분한다. 해당 과업 수행이 필요한 당시의 상황에 협업 팀원들의 업무량을 파악할 수 있어야 한다. 이때 해당 과업의 가치를 평가하는 과정은 꼭 필요하다. 예를 들어, 가치가 낮은 일에 필요 이상의 전문성과 인건비가 높은 인력을 투입해서는 안 된다. 반면 과업의 가치가 높고 중요하다면, 필요한 경험과 전문성을 갖춘 사람이 수행하도록 배분해야 한다.

② 모두 기피하는 과업일 경우 적용 기준

- 투입되는 노력이 많이 필요한가?
- 경험과 전문성이 필요한가?
- 리스크가 높은가?
- 보상과 인정이 낮거나 기대하기 어려운가?

이와 같은 질문을 통해 팀원들이 기피하는 이유는 무엇인지 파악해야 한다. 그리고 결국 협업 팀 모두의 일이라는 점을 강조해야 한다. 만약 누구라도 할 수 있는 일이라면, 순서를 정하고 교대로 진행하도록 할 수 있다. 과업의 성공 여부가 매우 중요하다면 '경험과 전문성'을 기반으로 배분해야 한다. 이때 담당자의 기존 업무량을 고려하여 재배분 또는 우선순위 조정을 고려해야 한다. 훌륭한 팀원이 번아웃이 되지 않도록 개별적 배려를 제공해야 한다. 개인적 면담을 통해 설득의 과정을 거칠 수 있지만, 수용하지 않는다면 '리더의 공식적 권한'을 행사하는 것이 필요하다.

③ 모두 선호하는 과업일 경우의 적용 기준

- 경험과 전문성을 높이는 데 도움이 되는가?
- 성공이 예상되는가? (난이도, 리스크)

– 투입되는 노력이 적은가?

– 보상과 인정에 유리한가?

이와 같은 질문을 통해 팀원들이 선호하는 이유를 파악해야 한다. 팀원들 입장에서는 혜택으로 볼 수 있으므로 골고루 배분될 수 있도록 고려해야 한다. 총보상 측면에서 다른 보상 옵션과 함께 활용하는 것도 좋다. 예를 들어 전문교육 참가, 해외연수, 박람회 참가, 포상 등을 함께 고려할 수 있다. 이처럼 업무 배분 과정에서 '예상되는 이슈'에 대해서 사전에 큰 원칙을 미리 합의해야 예측 가능성을 높이고 갈등을 예방할 수 있다. 규칙을 합의하는 방법에 대해서는 별도로 다루겠다.

잠재적인 리스크 관리 계획 수립하기

리스크Risk(위험)는 프로젝트 추진 과정에 발생할 가능성이 있는 다양한 위험을 의미한다. 현재는 발생하지 않았지만, 향후 외부 상황에 따라 발생할 수도 있다. 만일 리스크가 발생할 경우 프로젝트 추진 과정과 성공에 영향을 주게 된다. 예를 들어, 감염병 유행으로 인한 팬데믹과 사회적 거리두기 조치는 한 번도 예상하지 못했던 사례였기 때문에 개인과 조직 모두 이를 효과적으로 대비할 수 없었다.

- 리스크 관리 프로세스

1단계에서는 발생 가능한 리스크를 최대한 파악해야 한다. 초기 프로젝트 추진 과정에서 다양한 리스크를 파악할수록 성공 가능성이 높아진다. 그러므로 폭넓게 생각하는 과정이 필요하다.

2단계에서는 잠재적 리스크들을 평가하고 분류해야 한다. 2*2 매트릭스를 활용해서, 발생 가능성Probability과 파급도Impact를 기준으로 분류할 수 있다. 각 수준을 높음과 낮음 2단계로 해서 총 4개 영역으로 구분해도 좋고, 높음과 중간, 낮음 3단계로 해서 총 9개 영역으로 구분해도 좋다. 이때 기존의 사례와 데이터를 기반으로 판단한다면 정확도를 확보할 수 있다. 어렵다면 협업 팀원들과 논의를 통해 타당화하는 과정은 꼭 필요하다.

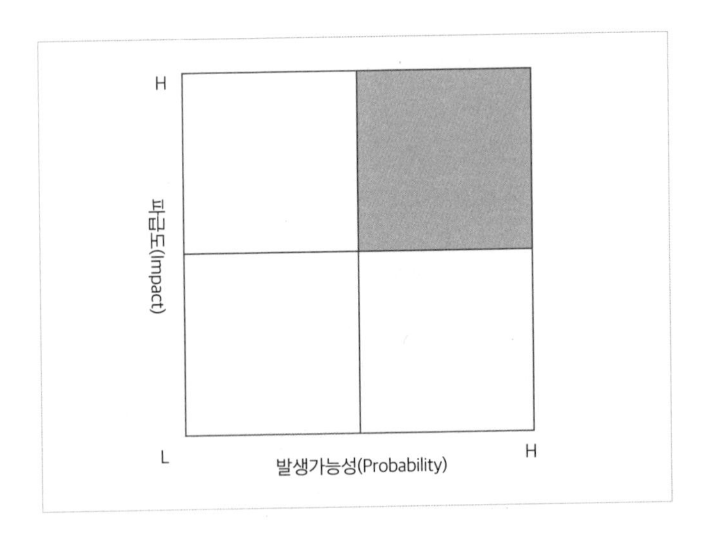

3단계에서는 핵심 리스크에 대한 대응 방안을 수립해야

한다. 모든 리스크에 대해 대응책을 수립할 수는 없다. 대응책 수립 과정에는 전략적 선택이 필요하다. 파급도와 발생 가능성 모두가 높은 영역에 해당하는 리스크에 대해서 대응책을 수립하는 것이 바람직하다.

- 리스크 관리의 4가지 방식

리스크 대응 전략은 크게 회피, 완화, 전이, 수용 4가지 전략이 있다. 여기에서는 가상의 상황을 통해 개념을 설명하겠다. 현재 우리 협업 팀은 '팀 빌딩 워크숍'을 12월 3일, 속초 콘도에서 실시하기로 계획한 상황이다. 함께 논의한 결과 가장 큰 리스크는 '폭설로 인한 교통 위험'으로 나타났다. 어떤 대응책을 수립하면 좋을까? 이에 대응하기 위한 방안을 생각해 보겠다.

첫째, 회피avoidance 전략이다.

리스크 발생의 원인을 완전히 제거하는 것이다. 폭설로 인한 교통 위험이 큰 상황이라면, 눈이 오지 않을 11월로 조정하거나 장소를 안전한 회의실에서 실시하는 방법으로 대응할 수 있다. 상황에 따라서 더 많은 대안을 발굴할 수 있다.

둘째, 완화Mitigation 전략이다.

리스크가 발생했을 때 그 충격을 최소화하기 위한 대응책을 수립하는 것이다. 예를 들어, 안전용품을 사전에 준비하고, 이동 차량 점검과 안전밸트 착용 등을 철저하게 준비하는 것이다.

셋째, 전가Transfer 전략이다.

리스크 발생의 결과를 제3자에게 전가시키는 것이다. 혹시 교통사고가 발생하게 될 때, 그 손해액을 전이시키기 위해 단체 여행자 보험을 가입하거나 임차 버스를 이용할 수도 있다.

넷째, 수용Acceptance 전략이다.

리스크가 발생하면 온전히 받아들이는 것이다. 즉 비상상황이 발생할 경우에 필요한 조치 계획을 수립하는 것이 될 수 있다. 이는 리스크의 파급력이 낮을 경우 또는 대안이 없는 상황에 사용될 수 있다.

주요 이해관리자 관리하기

이해관계자Stakeholder란, 프로젝트의 성공에 영향을 주고받는 모든 사람들을 말한다. 프로젝트 수행에 직접 또는 간접으로 영향을 주고받는 모든 사람과 조직으로 범위를 확대해 볼 수 있다. 그들은 프로젝트의 진행 방식과 결과물에 긍정 또는 부정적 영향을 줄 수 있다. 그러므로 협업 팀의 성공을 이끌어야 하는 리더 입장이라면, 이해관계자 관리가 협업 팀의 성공 여부를 결정할 수 있다고 볼 수 있다. 이를 체계적으로 관리하기 위한 방법은 다음과 같다.

1단계: 이해관계자가 누구이며 그들의 관심사가 무엇인지를 파악한다.

2단계: 이해관계자의 특징을 평가하고 분류한다.

3단계: 이해관계자와 소통 계획을 수립한다.

4단계: 소통 계획을 실행하고 평가한다.

각 단계별로 리더가 이해하고, 실천해야 하는 행동이 무엇인지 상세하게 나누어 소개하면 다음과 같다.

-이해관계자 관리 프로세스

1단계: 이해관계자가 누구이며 그들의 관심사가 무엇인지를 파악한다.

이해관계자의 유형은 생각보다 많다. 협업 팀의 프로젝트 추진과 관련된 이해관계자를 식별하기 위해서는 다음의 질문에 해당하는 사람 또는 조직을 고려해야 한다.

– 이 협업 프로젝트의 고객은 누구인가?
– 이 협업 프로젝트의 최종 승인자는 누구인가?
– 이 협업 프로젝트의 협의자와 합의자는 누구인가?
– 이 협업 프로젝트에 직접 참여해서 수행하는 사람은 누구인가?
– 이 외에 협업 프로젝트의 추진에 영향을 미칠 수 있는 사람은 누구인가?

이해관계자가 원하는 것이 무엇인지를 명확히 알아야 만족을 이끌어 낼 수 있다. 막연하게 도움이 될 것이라는 가정으로는 효과성을 기대하기 어렵다. 대부분 입장에 따라서 관심사가 달라지게 된다. 그러므로 그들의 관심사를 조사해야 한다. 관심사는 크게 2가지로 구분해서 확인할 수 있다. 첫째는 기대하는 사항이다. 본 프로젝트를 통해서 꼭 이루었으면 하는 것으로 접근 동기와 관련된 내용이다. 둘째는 우려하는 사항이다. 발생하지 않기를 바라는 것으로, 회피 동기와 관련된 내용이다.

<이해관계자의 보편적 관심사>

이해관계자	주요 관심사
주주	주가, 배당
직원	임금, 상여금, 근무 조건, 성장 기회 등
고객	가격, 안전, 브랜드, 신뢰도
공공기관	안전, 여론, 법규 준수
협력업체	단가, 물량, 수수료, 이익률, 성장성 등
금융기관	신용도, 상환 능력 등

2단계: 이해관계자의 특징을 평가하고 분류한다.

협업 프로젝트에 영향을 주고받는 다양한 이해관계자가 식별이 된 후, 평가를 실시해야 한다. 효과성이 높은 전략은,

타깃별로 세분화 및 차별화되어야 한다. 평가 과정은 차별화된 대응 전략 수립을 위해 꼭 필요하다. 여기에서는 프로젝트 관리를 위한 다양한 방법 중에 쉽고 보편적인 2가지 방식을 소개하고자 한다.

첫째, 협업 팀의 프로젝트에 대한 성향을 기준으로 분류하는 방법이다.

협업 프로젝트 추진과 관련하여, 이해관계자가 취하는 입장과 태도를 중심으로 다음의 3가지 성향으로 분류할 수 있다.

- 지지자: 프로젝트 성공에 관심과 지원을 제공하는 입장
- 반대자: 프로젝트에 대한 반대 또는 저항, 비협조적인 입장
- 중립자: 프로젝트 추진 과정에 뚜렷한 입장을 표현하지 않는 입장

각각의 성향을 고려해 대응하는 전략을 구상한다면 다음과 같다.

성향 분류	특징	대응 전략
지지자	프로젝트 성공에 관심과 지원을 제공하는 태도	• 적극적 지원 행동을 요구 • 수용에 대해 감사 표시 • 관계 유지에 노력
반대자	프로젝트에 반대 또는 저항, 비협조적인 태도	• 상대방과의 공통점을 기반으로 접근 • 상대의 논점에 공감 표현, 부탁과 요청 • 주장이나 의견들의 구체적 근거 제시 • 강제성을 배제
중립자	프로젝트 추진 과정에 뚜렷한 입장을 표현하지 않는 태도	• 지지에 대한 감정적 확신 • 개인적인 경험이나 사례 활용

둘째, 협업 프로젝트와 관련한 영향력과 관심도를 기준으로 평가한다.

먼저 이해관계자가 프로젝트의 방향에 대한 중요 의사결정 과정에 영향력을 행사할 수 있는지에 따라서 '높음/낮음'으로 구분할 수 있다. 그리고 프로젝트 추진 과정과 결과 전반에 대한 관심도에 따라 구분할 수 있다.

이해관계자 관리에 특별히 선택하고 집중해야 하는 대상은, 협업 프로젝트에 대한 의사결정 영향력과 관여도 모두가 높은 영역이다. 이들과는 긴밀한 관계를 유지하기 위해 노력해야 한다. 예를 들어, 중요한 마일스톤의 보고를 대면으로 실시하거나, 의사결정이 필요한 경우 배경 정보에 대

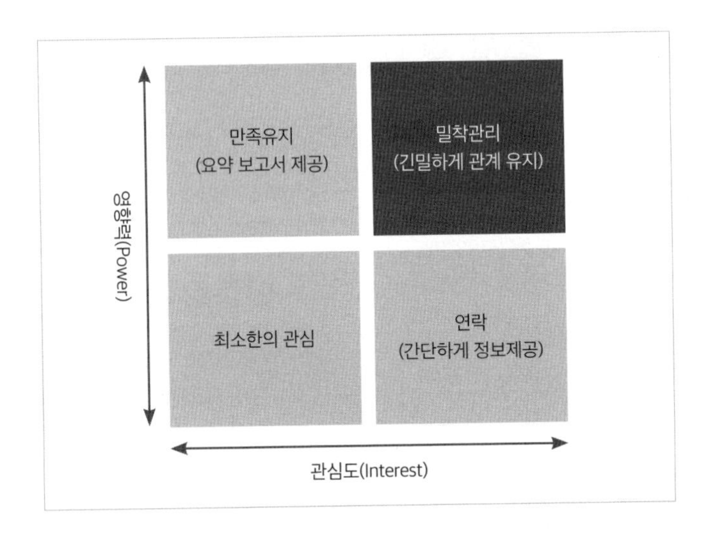

한 설명과 의견을 요청하고 최대한 반영하는 것이 효과적이다. 그들을 효과적으로 참여involvement시켰을 때 긍정적 지지를 이끌어낼 수 있다.

리더 입장에서 주의해야 하는 부분이 있다면, 협업 프로젝트의 경과에 따라서 '입장'이 유동적으로 바뀔 수 있다는 점이다. 현재 영향력과 관심도가 높은 영역의 이해관계자라면, 상황에 따라서 '밀착관리'의 영역으로 바뀔 수 있다. 그러므로 그들의 만족도를 유지하거나, 관계를 이어 가기 위한 소통이 필요하다.

이 단계에서 다루는 활동은 '평가'를 기반으로 한다. 평가는 관찰된 행동이나 자료를 통해서 파악할 수 있지만, 이를 판단하는 해석의 과정이 필요하다. 그러므로 리더 단독으로 진행하기보다는 협업 팀원들과 함께 논의를 통해 주관성을 극복하고 객관성을 확보하도록 노력해야 한다.

3단계: 이해관계자와 소통 계획을 수립한다.

이해관계자 관리의 목적은, 협업 프로젝트 추진 과정에 지지를 이끌어 내어 최종 목표를 달성하는 데 있다. 그렇다면 소통의 초점이 되는 상대방은 협업 프로젝트 추진과 관련하여 '반대자' 또는 '적대적입장'을 취하는 이해관계자가 될 수 있다.

그들의 입장에서 생각해보겠다. 왜, 협조하지 않을까? 자신의 우선순위와 다르다, 직접적인 혜택이 없다, 손해를 볼까 두렵다, 관심이 없다, 바쁘다 등등 여러 이유를 들 수 있겠지만, 프로젝트 실무 현장 경험을 토대로 살펴보면 '구체적인 혜택이 없거나, 소통 방식에 대한 불만'이 가장 크게 나타났다. 그럼 어떤 메시지와 전달 방식이 좋을까?

메시지 측면에서는 프로젝트가 성공할 경우 얻게 될 구체적인 혜택을 제시하면 효과적이다. (예: "이 프로젝트를 성공하면 수익 중 일부를 공유하겠다.", "최종 결과물을 통해 기존의 업무 생산성을 15% 향상할 수 있다.") 채널과 주기 측면에서는 그들이 선호하는 커뮤니케이션 방식을 선택하는 것이 좋다. (예: "매주 직접 찾아 뵙고 말씀드리겠다.", "진척 상황이나 변동 이슈는 언제든지 보시도록 파일을 공유하겠다.")

주요 이해관계자별로 소통 계획을 상세하게 수립해야 한다. 작성을 위한 중요한 원칙은 '상대방 입장의 관심사'와 '선호하는 소통 방식'을 충족해야 한다. 이해관계자의 '신뢰와 예측 가능성'을 높이기 위해서 정기적으로 실시하고 예외 없이 꾸준히 실시해야 한다.

구분	대상	메시지 주제	소통 채널	소통 주기
승인자	000 상무	일정, 품질	면대면	매주 1회, 수요일
			이메일	매주 1회, 금요일
협의자	## 팀장	예산, 인력	화상회의	매주 1회, 2주차 월요일
			이메일	매주 1회, 금요일

4단계: 소통 계획을 실행하고 평가한다.

모든 관리의 핵심은 계획대로 실행하고 있는지를 모니터링하는 것이다. 계획 수립의 과정도 복잡하지만, 구체적인 실행 여부는 전혀 다른 사례들이 적지 않다. 리더 입장에서는 각 이해관계자와의 소통 책임을 명확히 하고 실시 여부에 대해서 꾸준하게 점검해야 한다.

초기에 정착한 소통 방식이 최선이 아닐 가능성이 높다. 그러므로 한 걸음 더 나아가, '이해관계자의 반응'과 '개선 요소'가 무엇인지를 확인하고 차기에 적용하는 과정이 필요하다.

이상에서 살펴본 바와 같이, 이해관계자 관리의 핵심은 상대방 관점에서의 소통 계획 실행으로 간단히 요약할 수 있다. 이해관계자 입장에서 '관심사와 부합되는 주제'를 정기적으로 보고받고, 필요시 적극적으로 의견을 제시할 수 있어야 한다. 양방향 소통은 이해관계자의 '지지와 참여'를 이끌어내는 데 매우 효과적이다.

이번 장에서는 협업 프로젝트 추진 과정의 모호함을 줄이고 명확성을 높이는 것에 초점을 두고 소개했다. 과업을 세분화하기 위한 WBS 작성, 최적의 일정을 시각화하는 간트차트 작성, 잠재적 위험 관리, 이해관계자 관리에 대한 상세한 내용을 다뤘다. 이런 과정은 리더 홀로 추진하는 것이 아님을 일관되게 소개했다. 팀원들의 참여를 통한 집단지성과 참여적 의사결정이 몰입과 실행력을 높인다.

7장

협업 팀의 **공통 프로세스 효율성**을 높이는 방법은?

하버드대 조직심리학 교수였던 해크먼Richard Hackman 교수는 효과적인 팀Effective team은 3가지 측면의 긍정적인 모습이 있다고 보고했다.

Performance	Process	Personal
고객의 기대를 충족 or 뛰어넘는 서비스와 제품	업무를 유지하고 구성원의 협업능력을 향상시킬 수 있는 프로세스와 구조	그룹에서의 경험은 구성원의 성장과 행복에 기여해야 함

첫째 목표 달성의 성과를 창출한다.

팀이 존재하는 본래의 성과를 제외할 수 없다. 이는 가장 중요한 사항으로, 목표 달성에 실패한 팀을 효과적인 팀이라고 말할 수 없다.

둘째, 프로세스를 최적화한다.

훌륭한 성과는 최적화된 프로세스를 전제로 한다. 그렇지 않다면 지속적인 성과를 기대하기 어렵다. 프로세스는 반복된 과업의 효율을 높여준다. 특히 다양한 배경의 팀원들이 공통의 프로세스를 개발하고 적용한다. 변화 환경에 지속적으로 적응해서 최적화 상태를 유지한다.

셋째, 구성원의 기대를 충족한다.

프로세스가 최적화되어도, 투입 자원 중 가장 중요한 구성원의 몰입과 역량이 변수이다. 높은 수준의 열망으로 함께 협업을 하는 상황이라면, 개인적인 기대가 충족되어야 몰입할 수 있다. 구성원의 만족 없이, 성공이나 프로세스 최적화는 기대할 수 없다.

해크먼 교수가 강조한 3가지는 결국 협업 팀의 리더 역할로 볼 수 있다. 흔히 '성과 관리'와 '사람 관리' 그리고 '조직 관리'로 구분하는 기준과 동일하다. 조직 관리는 팀이 시너지를 창출하도록 이끄는 프로세스를 말하는 것이다. 따라서 리더는 팀의 프로세스 정립을 통해서 바람직한 문화를 구축하고, 환경에 최적화하도록 변화를 이끌어야 한다. 본 장에서는 협업 팀의 프로세스의 효율성을 높이는 방법을 소개하겠다.

협업 팀의 공통 프로세스

- 프로세스란?

프로세스란 자원과 정보를 특정한 제품 또는 결과물로 변환시키는 데 필요한 활동과 과업들의 집합을 말한다. 프로세스는 '반복적'이며 '측정이 가능한' 활동들로 구성되어 있다. 모든 조직은 목표 달성을 위한 고유의 프로세스를 갖고 있다. 해당 조직이 지향하는 제품과 서비스 등의 가치 창출을 위해 꼭 필요한 활동들이다. 그러므로 모든 프로세스

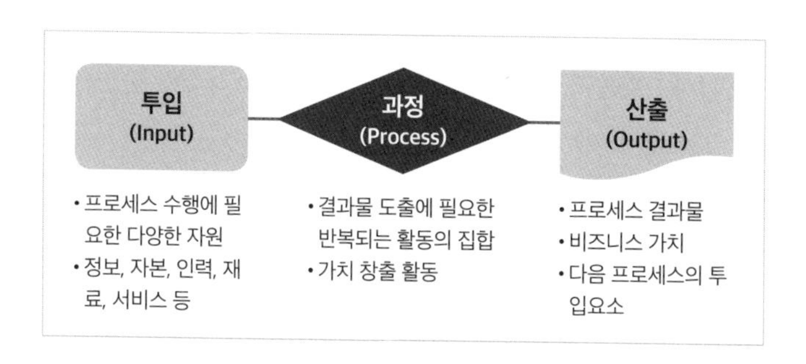

는 궁극적으로 '고객가치 창출'을 지향한다.

프로세스의 특징은 반복적으로 발생하는 활동이라는 점이다. 시행착오를 통해서 나름 최적화 모델을 정립하게 된다. 이런 과정이 '정형화' 또는 '표준화'이다. 프로세스에 필요한 절차와 양식, 주의사항 등을 구체적으로 만들어 모두 활용하도록 한다. 이것을 문서로 작성한 것이 표준작업절차서SOP, Standard Operating Procedure이다. 해당 업무를 성공적으로 수행하기 위한 모범답안으로, 합의한 내용으로 볼 수 있다. 작성된 프로세스는 교육과 평가 등의 지침으로 활용한다.

- 모든 조직에 존재하는 '공통 프로세스'에 주목

조직이 지향하는 목적이나 영역과 무관하게, 조직에는 본래 공통적인 프로세스가 존재한다. 2명 이상의 사람이 팀을 통해 목표를 달성하는 과정에 꼭 필요한 반복적인 프로세스가 있다. 예를 들어, 의사소통과 의사결정 그리고 갈등관리와 문제해결 등이 그것이다.

해당 직무와 과업에 특화된 전문프로세스의 경우, 담당자가 가장 경험과 전문성이 높다. 그러므로 적용 범위의 확대와 장기적 운영이 명확하다면 담당자별 핵심 과업 프로세스에 필요한 SOP를 만드는 것도 필요하다. 전문성에 대한 조직 자산화 및 인수인계 등에 꼭 필요한 자료이다.

협업 팀의 리더가 주목해야 하는 프로세스는 '팀원 전체가 실천해야 하는 공통 프로세스'다. 리더는 명확성과 효율성을 높임으로써, 협업 팀 전체의 시너지를 촉진할 수 있다. 이를 구체화하고 자연스럽게 실천함으로써 '협업 팀의 일하는 방식'으로 정립할 수 있다. 이것이 다른 조직과 차별되는 '고유의 특징'으로 설명할 수 있다면, '협업 팀의 문화' 로 볼 수 있다.

리더는 협업 팀의 구성원들이 개별적으로 경험하고 익숙해진 각자의 프로세스가 아닌, 공통의 합의된 프로세스에 초점을 두어야 한다. 이를 정립하고 최적화하는 것은 협업 팀의 성과를 높이는 데 크게 기여한다.

-협업 프로세스의 효과성을 높이는 방법

첫째, 참여적 의사결정을 통해서 만들어야 한다.

아무리 훌륭한 프로세스라고 해도, 실제 실행자들이 과정에 참여하지 않으면 활용도가 높지 않다. 협업 팀원 모두가 지켜야 하는 프로세스라면, 예외 없이 적용해야 한다. 그래야 효율성을 기대할 수 있다. 가능하다면, 전체 협업 팀원들이 참여한 가운데 양방향 소통을 통해 합의하도록 워크숍을 실시하는 것이 효과적인 방법이 된다. 팀 발달 단계 모델 중 격동기Storming의 발달 과제로 '협업 팀의 공통 프로세스 정립'을 실행하고 규범기Norming에 협업 팀의 공통프로세스를 최적화한다면, 이를 통해 성과기Performing로 발전할 수 있다.

둘째, 팀 프로세스에 대해서 지속적으로 리마인드 해야 한다.

구성원 모두가 기억하고 실천하도록 다양한 형태의 소통 채널에 반영하는 것이 필요하다. 협업 팀이 활용하는 공용 서식에 반영하거나, 이메일 서명에 활용해도 좋다. 특히 협업 팀원 전체가 모이는 공식적인 미팅의 시작 시 짧게라도 공유하는 것을 추천한다. 팀에 새롭게 참여하게 된 구성원이 있다면, 충실히 설명하는 OJT 과정을 진행하고, 이해 수준을 확인해야 한다.

셋째, 최적화를 위해 수정 보완 작업을 진행해야 한다.

협업 팀은 프로젝트를 수행하는 만큼, 변동 가능성이 높다. 초기에 합의한 프로세스를 운영하기에 어렵거나 새로운 이슈를 포함해야 하는 경우, 이를 수정하고 보완하는 작업을 실시해야 한다. 정기적인 모임이 개최될 때, 합의하는 절차를 거쳐도 좋다. 어렵다면 프로세스를 담당자 또는 협업 팀의 리더가 변경을 제안하고, 동의를 얻는 방식으로 진행할 수 있다. 실제와 괴리된 액자 속의 프로세스는 더 이상 생명력이 없다.

넷째, 우수 사례를 공유하고 위반자에 대한 조치를 취해야 한다.

어려운 상황에도 불구하고 약속한 프로세스를 성실하게 준수한 사례를 발굴하고, 공식적으로 인정하는 과정이 필요하다. 반면 위반 사례에 대해서도 개선을 요구하는 조치를 취해야 한다. 초기 예외 상황에 대한 개입의 타이밍이 늦어질 경우, 걷잡을 수 없이 혼동될 수 있다. 만약 다수가 지키지 않는 상황이라면 해당 프로세스를 변경하거나 폐기하는 것이 바람직하다.

협업 팀의 의사소통과 정보 공유 프로세스

- 의사소통 모델

의사소통communication이란, 라틴어 'Communis'에서 온 말로 '공통' 또는 '공유'라는 의미를 포함하고 있다. 나와 다른 사람과 '공통의 상징'을 통해서, '사실과 감정을 공유'하는 것

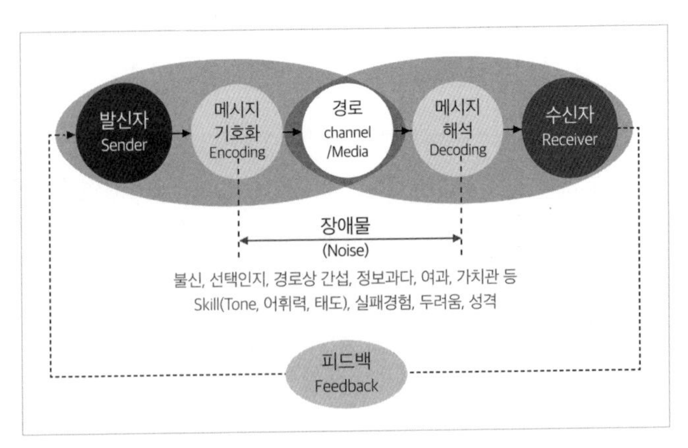

쉐넌과 슈람, 1964

으로 이해할 수 있다. 의사소통 모델을 통해서 살펴보면 다음과 같이 쉽게 이해할 수 있다.

첫째, '발신자'는 자신의 의도를 효과적으로 공유하기 위해 실시한다.

의사소통의 목적은 크게 감정, 사실, 의견 공유이다. 비즈니스 상황에서는 주로 '정보 공유와 설득'을 목적으로 실시한다. 설득은 가장 어렵고 복잡한 소통 스킬에 해당한다.

둘째, '발신자'는 '상징을 통해 메시지를 기호화'로 만든다.

상대방과 공유하는 것을 기반으로 용어와 사례 등을 선택한다. 말과 글뿐 아니라 표정과 말투 등의 비언어적 요소를 통해서 표현할 수 있다. 이때 자신과 상대방이 모두 공유하고 있는 '공통의 상징'을 활용하는 것이 효과적이다.

셋째, 적합한 '채널'을 선정하여 전달한다.

얼굴을 마주 보며 직접 전달하는 경우도 있지만, 비대면을 통해서 전달할 수 있다. 이때 '미디어'를 선택하게 된다. 상황에 따라 이메일과 전화, 메신저, 화상 회의, 우편 등을 활용할 수 있다. 이때 유의할 사항은 상대방에게 5감각의 정보를 최대한 많이 주는 것이 '공감대 형성'에 효과적이다. 까다롭고 민감한 주제라면 직접 만나는 방법을 선택해야 한다.

넷째, '수신자'는 자신의 경험과 지식을 기반으로 '기호화된 메시지를 해석'한다.

제한된 정보를 통해서, 가정assumption하고 추론guessing하는 과정에서 해석의 오류가 발생할 수 있다. 상대방의 진짜 의도와 달리 오해할 가능성이 존재한다. 왜냐하면 소통의 '장애물Noise' 때문이다.

- 협업 팀의 의사소통, 어떤 정보가 중요할까?

협업 팀의 의사소통 수준은 목표 달성을 예측하도록 도와주는 지표가 될 수 있다. 마치 건강도를 혈액순환으로 파악하는 것과 비슷하다. 혈액은 건강한 몸을 유지하기 위해, 각 장기에 필요한 영양소와 산소를 공급한다. 협업 팀의 의사소통은, 목표달성을 위해 각 과업 수행에 필요한 유효한 정보와 다양한 목소리를 제공한다. 협업 팀의 리더 입장에서, 의사소통에 초점을 두어야 하는 주제를 '과업과 관계'로 나누어 살펴보겠다.

첫째, 협업 팀의 과업 추진의 명확성을 높이기 위한 정보

- 추진 배경(목적, 목표)
- 이해관계자 기대 사항
- 협업 팀의 역할과 책임, 평가 및 보상 기준
- 추진 범위, 예산, 일정, 리스크
- 분석 자료(문헌, 인터뷰, 통계 등)
- 협업 팀 공통 프로세스
- 과업 추진 경과(진척도, 추진 이력)
- 의사결정 사항
- 변경 사항

둘째, 협업 팀의 관계와 신뢰를 향상하기 위한 정보

- 이력 및 프로필(전문 분야)
- 개인적 관심사(고충 등)
- 성장 목표(경력개발 계획, 자기개발 활동)
- 선호하는 소통 스타일
- 개별적 고려 요청 사항(소통 방식, 휴가 등)
- 협업 과정 추진 과정 중 습득한 정보와 지식

- 협업 팀의 정보 공유를 위한 효과적인 의사소통 방법은?

협업 팀의 리더는 의사소통의 목적과 상황에 따라서 다양한 방식의 스킬을 발휘할 필요가 있다. 리더 관점에서 꼭 필요한 의사소통 스킬은 크게 3가지로 제시할 수 있다. 협업 팀원과의 1 on 1 면담, 협업 팀원 전체를 대상으로 하는 스토리텔링, 참여적 의사결정을 이끄는 퍼실리테이션 스킬이다. 이와 관련한 내용은 별도의 장에서 심도 있게 다룰 예정이다. 여기에서는 협업 팀 전체를 대상으로 실시하는 의사소통을 중심으로 살펴보겠다.

피터 드러커는 이런 말을 했다. "회의를 하는 방식과 수준에는 그 회사의 모든 것이 녹아 있다. 회의는 바로 기업 문화의 결정체이며, 강력한 경쟁 무기가 되기 때문이다. 잘 되는 회사나 안 되는 회사나 회의는 많다. 그러나 회의 문화의 차이가 잘 되는 회사와 안 되는 회사를 만든다." 회의는 회사의 성패를 좌우할 만큼 중요한데 이는 의사소통 부분에서도 마찬가지다.

리더는 협업 팀 전체를 대상으로 다양한 형식으로 정보 공유를 할 수 있다. 가장 익숙한 방식은 '회의'다. 이를 의사소통 채널을 기준으로 구분해 보면, 대면과 비대면 회의로 나눌 수 있다. 운영 방식을 기준으로 보면, 정기와 비정기 회의로 나눌 수 있다.

지난 2019년부터 주52시간 도입과 관련해서, 일터 생산성에 대한 논의가 뜨거웠다. 기업 현장에서는 정기 회의를 폐지한 부서들이 늘었다는 보고가 있다. 이는 회의를 비용으로 인식하고, 업무 몰입의 비효율적 요소로 판단한 것으로 이해할 수 있다.

- 정보 전달을 위한 회의
- 일방적 메시지 전달 회의
- 목적이 모호하거나 불필요한 회의
- 비효율적 운영의 회의(운영 방식의 효율성, 결과 도출의 효과성)
- 구체적 실행이 이어지지 않는 회의

회의를 대폭 줄인 현장에서는 고립감이 높아져 소속감과 동료애를 느낄 수 있는 만남을 요구하는 목소리도 종종 있다. 협업 팀의 리더 입장에서, 보다 효과적이며 효율적인 회의를 운영하기 위해 고려해야 하는 사항을 중심으로 간략히 살펴보고자 한다.

첫째, 대면 vs. 비대면 회의

양방향 소통이 필요하거나, 협업 팀원의 수용도와 실행도가 중요한 경우 반드시 대면 방식을 선택해야 한다. 특히 상황에 따라서 오해하거나 반대할 수 있는 민감한 주제라면, 일정을 조정해서라도 대면으로 실시해야 한다. 단순 정보 전달이 목적이라면, 이메일과 채팅 등의 협업 도구로도 충분하다.

비대면 회의는 '화상시스템 활용'을 추천한다. 전화 또는 메신저 등은 감정 공유와 주제 몰입 측면에서 효과성이 낮다. 화면을 통해 만나는 것이지만, 공감대 형성을 위해 꼭 필요하다. 비대면 상황에서는 중요 내용은 녹화를 해서 공유하는 방법도 효과적이다.

둘째, 정기 vs. 비정기 회의

일정한 주기를 기준으로 지속적으로 운영하는 회의는 '예측 가능성'을 높여준다. 이는 협업 팀원들의 심리적 안전감에 효과적이다. 프로젝트의 특징상 매주 또는 매월 약속한 일정에 필요한 주제로 진행하는 방식이다. 이때 협업 팀 리더가 주도적으로 개입하기보다는 각 담당자들이 공유 또는 진행하는 것을 자연스러운 규칙으로 합의할 필요가 있다.

협업 팀 과제 수행의 특징상 변화에 민감하고 단기적인 접근이 필요하다면 매일 정기 회의를 실시할 수 있다. 이를 위해서는 형식을 간소화하면 된다. 예를 들어, '데일리 스탠드업 미팅daily Stand-up Meeting' 방식을 도입할 수 있다. 매일 오전 중 5~10분 정도의 짧은 시간 동안, 해당 주간에 진행해야 하는 과제에 대한 진척도 및 우선순위, 어려움 등을 말로 공유하는 시간으로 운영한다. 최근 애자일 방식의 스크럼미팅과 동일하다. 만약 해당 사안이 중요하고 심각하다면, 관련자를 중심으로 별도의 회의를 통해 보다 심도 있게 논의하는 시간을 가져야 한다.

- 협업 팀의 성공적인 의사소통의 요건?

의사소통을 통해 원하는 메시지를 효과적으로 전달하는 과정에는 장애 요소가 적지 않다. 다시 말해 의사소통이 어려운 것은 매우 당연한 사실이라는 점이다. 그러므로 의도적인 노력이 필요하다. 그렇다면 성공적인 의사소통을 위해서는 어떤 요건을 충족해야 할까? 명확성과 논리성 그리고 신속성이 꼭 필요하다.

첫째, 명확성을 갖추어야 한다.

명확성은 의사소통의 목적을 효과적으로 달성해야 함을 의미한다. 정보 전달과 설득의 목적 모두 수신자 입장에서 발신자의 의도가 잘 전달되어야 한다. 이는 수신자 입장에서 궁금하거나, 다르게 해석할 여지가 없다는 것이다. 이를 위해서는 6하원칙을 충족해야 한다. 가능하다면, 숫자로 전달해야 한다. 추상적 또는 어려운 개념이라면, 구체적인 사례까지 제시해야 한다.

둘째, 논리성을 갖추어야 한다.

논리성은 주장하는 메시지와 이를 뒷받침하는 논거가 짜임새를 갖추어야 한다는 말이다. 구체적인 사례, 데이터, 이론, 지식 등을 제공해야 한다. 신문의 사설을 작성할 때 사용하는 문법인 '프렙PREP'의 구조를 활용하면 좋다.

논리적 설명을 위해 효과적인 관용적 표현의 접속사 3가지를 추천하자면, '왜냐하면, 예를 들어, 그러므로'이다. 상

Point 주장	가장 중요한 핵심을 먼저 말한다.	• 저는 ~해야 한다고 생각합니다! • 오늘 말씀 드리고 싶은 것은 ~입니다!
Reason 이유	앞에서 주장한 이유나 배경을 풀어 설명한다.	• 왜냐하면 ~이기 때문입니다! • 그 이유는 ~입니다!
Example 예시	주장을 증명하는 구체적인 사례를 몇 가지 소개한다.	• 예를 들면~ • 구체적으로 말씀 드리면~
Point 재강조	다시 한 번 주장의 요점을 강조하고 마무리한다.	• 말씀 드린 바와 같이, • 결론적으로 ~~ 다시 말씀드리자면

대방을 설득해야 하는 상황이라면, 메시지를 효과적으로 전달하는 데 유용하다.

셋째, 신속성을 갖추어야 한다.

신속성은 소통의 효율성을 의미한다. 의사소통을 위한 자원 투입을 최소화하되, 그 목적은 달성해야 한다. 발신자와 수신자 모두의 시간과 노력을 최소화하도록 해야 한다. 이를 위해 서로 공유하는 부분을 효과적으로 활용해야 한다. 전문가 집단이라면 '핵심 전문 용어' 사용을 통해서 불필요한 설명을 줄일 수 있다. 공통의 경험을 기반으로 비유와 상징을 통해 전달해도 좋다. 무엇보다 간결해야 한다. 문장은 주어와 서술어 관계가 하나로 구성된 단문이 좋다.

- 협업 팀의 정보 공유, 학습을 위한 의사소통?

협업을 통해서 얻을 수 있는 다양한 혜택 중에 '학습'이 있다. 최종 목표를 달성하는 과정에서 기존의 방식이 아닌 새로운 방식으로 시도해야 하는 상황이 적지 않기 때문이다. 낯선 상황의 문제를 해결하기 위해서는, '시행착오의 경험을 통한 학습'이 일어나게 된다.

본래 학습은 행동 변화를 통해서 나타나기 마련이다. 이는 관찰과 측정을 중요하게 생각했던 행동주의 관점에서 설명하는 시각이다. 과거에는 할 수 없었던 기능을 수행할 수 있게 되거나, 몰랐던 지식과 개념을 적용하여 새로운 문제를 해결하게 되는 것을 설명한다.

한편 눈에 보이지는 않지만 내적인 변화를 학습으로 보았던 인지주의 관점도 주목할 필요가 있다. 이는 우리가 오랫동안 경험과 학습을 통해, 일상의 의사결정 기준으로 활용했던 기존의 '고정관념 또는 지식 체계인 스키마'를 폐기하거나 수정하는 것을 의미한다. 즉 '관점 전환'과 '태도 변화'도 매우 중요한 학습으로 볼 수 있다는 것이다.

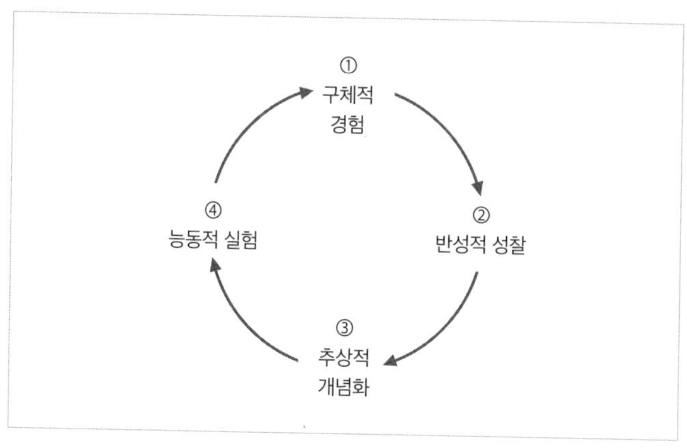

콜브(Kolb, 1984)

협업 팀의 리더는 팀원들의 경험을 훌륭한 지식과 협업 팀의 자산으로 축적하도록 도와야 한다.

첫째, 경험을 지식으로 만드는 학습을 촉진하기 위한 노력이 필요하다.

팀원들의 실패와 성공 모두를 훌륭한 교훈으로 만들기 위해서는, '경험 학습 모델'을 이해하는 것이 필요하다. 콜브Kolb는 구체적 경험을 추상적 지식으로 개념화하기 위한 과정을 '성찰'로 설명한다. 성공과 실패의 과정을 돌아보고, 교훈을 도출하는 과정이 바로 성찰이다. 예를 들어, 시스템 코딩 과정에서 ○○에러를 처리했던 경험을 성찰함으로써, 재발을 방지하기 위해 필요한 선행조치를 도출하고, 신속히 장애 처리를 위한 프로세스를 정립할 수도 있다. 리더는 효과적 성찰을 돕기 위해서, 다음의 4가지 질문을 순서대로 활용하면 유용하다.

- 질문 1. 최초에 기대했던 것은 무엇인가?
- 질문 2. 실제로 발생한 결과는 무엇인가?
- 질문 3. 발생한 결과의 원인은 무엇인가?
- 질문 4. 향후 보완해야 할 개선점(또는 확대할 점)은 무엇인가?

둘째, 학습 결과를 협업 팀의 자산으로 공유하고 축적해야 한다.

협업 팀의 리더는 학습한 결과를 팀원들에게 공유할 필요가 있는지를 판단해야 한다. 막연히 유용하다는 관점이라면, 자료 또는 메일로 간단히 공유하는 것이 바람직하다. 그 필요성은 동일 또는 유사 사안의 재발 가능성과, 적용 범위를 확대할 필요성이 있는지를 기준으로 판단해도 좋다.

공유가 필요하다고 판단할 경우, 학습 결과를 협업 팀과 공유하는 기회를 공식적으로 마련하는 것이다. 협업 과정 중 정기 미팅 또는 워크숍에 '우수 사례 공유 또는 레슨런드Lesson Learned' 세션을 반영할 수 있다.

형식이 복잡할 필요는 없다. 1페이지로 간단하게 작성해도 좋고, 아니면 이야기로 공유해도 좋다. 이때 STAR 방식으로 소개하면 효과적으로 공유할 수 있다.

- S(Situation, 상황): 어떤 상황이었는가?(시기, 장소, 인물)
- T(Task, 과제): 무엇을 달성해야 하는 과제인가?
- A(Action, 실행): 어떤 행동을 했는가?(구체적 액션, 판단 이유)
- R(Result, 결과): 어떤 결과가 있었는가?

이와 관련한 시사점과 적용점을 추가로 덧붙여 공유하면 훌륭한 사례 공유가 된다. 동일한 사례에 직면하게 되는 다른 동료 팀원들에게 유용한 팁이 될 수 있다. 발생 빈도가 높다면 이를 표준 프로세스에 반영해도 좋다.

협업 팀의 문제해결 프로세스

- 문제해결이란?

문제란 기대하는 수준과 현재 수준의 차이Gap를 말한다. 그리고 문제해결이란 '차이'를 줄이는 것이다. 기대하는 수준을 목표로 바꾸어 보면, '목표 달성'을 문제해결로 볼 수 있다. 만약 기대하는 수준을 정상 또는 표준 상태로 보면, '장애해결'로 이해할 수도 있다.

앞서 협업 팀은 설정형 문제해결이 주된 목표라고 말한 바 있다. 그러므로 문제해결은 협업 팀의 일하는 방법에 있어 가장 공통적인 프로세스로 볼 수 있다. 협업 팀의 리더 입장에서 궁극적인 목표 달성을 위해 품질, 일정, 예산, 인력, 리스크, 이해관계자, 조달 등 전반의 관리 영역에 발생하는 다양한 문제gap를 효과적으로 해결하기 위한 '공통의 프로세스'를 정립하는 것은 매우 중요하다.

- 다양한 문제해결 방법의 공통 구조

협업 팀의 팀원들은 서로 다른 배경에서 익숙하게 활용했던 '문제해결 방식'이 있다. 그 구조를 살펴보면, 핵심적 요소는 간결하다는 점을 확인할 수 있다. 여기에서는 대표적인 문제해결 방법 3가지에 대해서 살펴보고, 그 공통점을 확인해 보겠다.

문제해결의 보편적인 방식은 1950년도 데밍Edwards Deming이 개발한 PDCA 사이클이 널리 활용되고 있다. 과거 제조업을 중심으로 품질을 개선하는 데 효과적인 프로세스로 활용되었다.

- Plan: 실현 가능한 계획을 수립한다.
- Do: 계획에 따라 철저히 실행하며, 진척도를 측정한다.
- Check: 달성도를 평가하여, 성공 또는 실패 요인을 검토한다.
- Act: 개선 사항을 다음 계획에 반영하여 실행한다.

맥킨지는 문제해결 방식으로 '7 Step'을 사용한다. 논리적 사고와 기획력 그리고 컨설팅 프로세스에 널리 적용되고 있는 모델이다.

- Step 1. 문제 정의Define Issue: 목적, 기대 사항을 명확히 한다.
- Step 2. 이슈 분해Structure Issue: 핵심 이슈와 가설적 해결책을 도출한다.
- Step 3. 우선순위 파악Prioritize Issue: 우선순위가 가장 높은 핵심 이슈와 가설을 선택한다.
- Step 4. 조사 계획 수립Develop work plan for analysis: 분석 작업 계획을 수립한다.
- Step 5. 분석 수행Conduct analysis: 개별적 분석을 수행한다.
- Step 6 결과 종합Synthesize findings: 분석 결과를 종합해서 결론을 도출한다.
- Step 7. 해결안 개발Develop conclusion: 자료를 작성한다.

모토로라에서 개발하고 GE를 통해서 널리 알려진 문제해결 방법은 '6 시그마 DMAIC'이다. 국내 유수 기업에서 도입 후 현장의 문제해결과 일하는 방식의 정립을 위해 널리 활용했다.

- Define(문제 정의): 이해관계자의 요구 사항을 파악하고 과제의 목적을 명확히 한다.
- Measure(현재 수준 파악): 측정 지표의 현재 수준을 파악하고, 잠재 원인을 파악한다.
- Analyze(근본 원인 도출): 다양한 잠재 원인의 분석을 통해, 핵심적인 근본 원인을 도출한다.
- Improve(개선 방안 도출): 근본 원인을 해결하기 위한 개선 방안을 도출하고, 검증을 통해 최적안을 선정한다.
- Control(개선안 모니터링): 개선 방안의 점검 계획을 수립하고 확산 적용한다.

세계 최고의 전문가들이 개발한 도구들은 각자의 절차와 활동으로 서로 달라 보인다. 그러나 그 본질은 '문제해결'이라는 공통점에 있다. 이를 세 가지로 정리해 보면 다음과 같다.

- 문제해결은 객관적 사실과 데이터를 기반으로 한다.
- 데이터의 수집과 논리적 분석과 추론을 통해, 핵심 원인을 도출한다.
- 핵심 원인에 적합한 창의적 해결 방안을 실험하고 검증해서 최적안을 선정한다.

결국 협업 팀 상황에 적합한 '문제해결 프로세스'를 선택하되 '가장 쉽고 효과성이 높은 것'을 선택해야 한다. 가능한 효과성이 높은 프로세스를 추구하지만, 자원과 시간의 한계를 고려해서 선택해야 한다.

협업 팀의 갈등관리 프로세스

협업은 상호의존성을 기반으로 시작된다. 같은 배경보다는 이질적인 속성의 전문가 또는 전문 집단이 모였을 때 더욱 큰 시너지를 기대할 수 있다. 상호 원원의 가치와 목표에 대한 열망으로 협업 프로젝트를 시작했지만, 현실은 녹록지 않은 경우가 많다.

역동적인 협업 팀에서 갈등은 자연스런 모습으로 볼 수도 있다. 협업 팀의 성장과 과업 수행 과정에서 갈등은 필연적으로 일어나며, 협업 팀의 발전과 변화의 자극제가 되기도 한다. 그러므로 협업 팀 모두가 갈등을 바라보는 시각과 해결을 위한 스킬을 확보하게 되면 전반적인 효율성에 긍정적으로 기여할 수 있다.

갈등의 순기능	갈등의 역기능
• 상호 이해도 제고 • 창의적 문제해결의 자극제 • 조직 의사소통 촉진 • 해결 과정에서 더 나은 대안 발견 • 조직 의사결정의 질 제고	• 의사소통 및 상호 협력 방해 • 상대방 또는 집단에 대해 부정적 감정 유발 • 조직 의사결정 지연 • 개인이나 조직 발전 저해

앞서 갈등을 사회적 상호작용의 한 유형으로 살펴본 바 있다. 경쟁은 협동과 대립되는 개념이다. 경쟁이 심화될 때 상대방을 이기기 위해 약속된 규칙을 파기하고, 경쟁의 승리를 넘어 상대를 파괴시키려고 하는 행동을 '갈등'으로 볼 수 있다. 즉 갈등은 기본적으로 경쟁과 대립이 전제이다.

대립과 갈등을 살펴보면 보다 또렷이 이해할 수 있다. 다양한 사람들이 공동의 의사결정을 해야 하는 상황에서, 각자의 경험과 관점에서 대립된 의견을 표시하는 것은 자연스런 모습이다. 더 나은 의사결정을 위해서는, 반대 의견을 많이 들어보고 이를 검증하는 과정이 매우 효과적이다. 그러나 그 과정은 쉽게 '상대방에 대한 평가와 비난'으로 왜곡되기도 한다.

<잠재적 갈등의 원인>

의사소통	구조	개인 특성
• 메시지 해석의 어려움 • 불충분한 정보 교환 • 소음(Noise) • 의사소통의 양 • 여과 정도(선택인지) • 의사소통 채널	• 규모와 전문화 • 구성원에게 부여된 업무의 전문화 정도 • 관할 구역의 명시화 • 구성원 목표의 적합성 • 리더십 유형 • 보상 체계 • 집단 간 의존성	• 각 개인이 가지고 있는 가치 체계, 개성, 개인차 • 개인의 성격 특성

예를 들어, 이해관계자와의 효과적인 소통 방안을 논의하는 과정에서 서로 다른 또는 대립적인 의견을 제시할 수 있다. "제 생각은 다르다."라는 표현 방식과, "그 의견은 틀렸다고 생각된다." 또는 "형편없는 아이디어라고 생각한다."라는 것은 상대방의 감정을 불편하게 자극하게 된다.

이처럼 갈등은 상대방의 의견과 대립적인 상황에서 상대방의 비난, 비판, 회피, 화를 내는 반응을 통해 발생하기도 한다. 결국 이성적 상황이 감정적 이유로 변질되는 모습으로 볼 수 있다. 따라서 협업 프로젝트에서는 갈등이 감정적으로 변질되지 않도록 유의해야 한다.

- 건설적 대립을 위한 5가지 원칙! ADOPT

과업 추진 과정에서는 더 나은 결정을 위한 건설적 측면을 추구하되, 함께 일하는 상대방과 원만한 관계를 유지할 수 있는 방법으로 소통해야 한다. 다시 말해, 문제해결에 초점을 두고 접근하되, 긍정적인 관계가 유지되도록 해야 한다. 다음의 5가지 원칙을 협업 팀의 '갈등관리를 위한 그라운드룰'로 반영해도 좋다.

① 문제 집중Addressing: 사람이 아닌 문제를 다룬다.

② 직접적Direct: 적절한 사람들과 문제에 직면한다.

③ 객관적Objective: 객관적 데이터와 사실을 기초로 결정한다.

④ 긍정적Positive: 상대방과의 관계는 긍정적으로 유지한다.

⑤ 적시에Timely: 문제가 발생할 때 직면한다.

- 효과적 갈등 해결을 위한 5가지 전략

토마스와 킬만Thomas-Kilman은 갈등의 주제와 상대방에 대한 분석을 토대로 5가지 대응 전략을 제시했다.

첫째, 회피 전략이다.

회피 전략은 갈등이 없었던 것처럼 행동하여 이를 의도

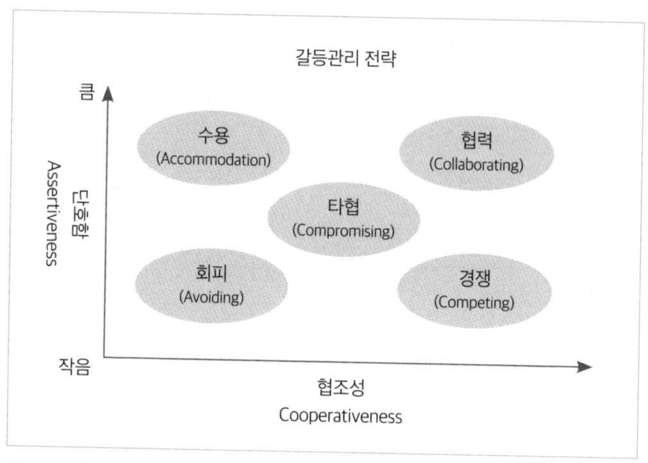

Thomas Kilmann, 1975

적으로 피하는 방법으로 자신과 상대방의 관심사를 모두 무시하는 방법이다.

<적합한 상황>

- 사소한 문제이거나 더 중요한 문제가 많을 때
- '나'의 이익을 충족시킬 여지가 없다고 판단될 때
- 효과보다 비용이 클 때
- 바른 결정을 하기에 앞서 정보 수집이 더 필요할 때
- '나' 아닌 다른 사람이 더 효과적으로 해결할 수 있다고 느낄 때

둘째, 경쟁 전략이다.

경쟁 전략은 상대방의 손해가 있더라도 자신은 이익을 얻으려고 하는 방법으로 한쪽은 이익을 얻는 반면 다른 한쪽이 손해를 보게 된다.

<적합한 상황>

- 위급 상황으로 단호한 행동이 결정적으로 필요할 때
- 비용 감축, 상대방 단련의 목적, 규칙 엄수 등의 조치가 필요할 때
- 조직을 위해서 '내'가 분명히 옳다는 것을 알고 있을 때

셋째, 수용 전략이다.

수용 전략은 관계 유지를 목적으로 자신을 희생하고 상대방의 주장을 받아들이는 방법이다. 보다 중요한 문제를 위해, 좋은 관계유지가 필요할 때 사용하는 것이 적절한다. 이런 관점에서 수용 전략은 수동적이기보다 능동적 전략이다.

<적합한 상황>

- 스스로 틀렸다는 것을 알게 되었을 때
- 상대방을 수용함으로써 합리적이란 인상을 줄 수 있을 때

• 문제가 '나'보다 상대방에게 더 중요한 경우 배려를 통하여 협력 관계 유지 가능
• 조화와 안정이 무엇보다도 중요한 상황일 때

넷째, 타협 전략이다.

타협 전략은 서로 조금씩 양보하여 절충안을 찾으려는 방법으로 양쪽이 모두 손해를 보기 때문에 또 다른 갈등의 원인이 될 수가 있다. 서로의 입장을 양보하고 외부나 제3자의 개입을 요청할 수 있다.

<적합한 상황>

• 목표 달성에 따르는 잠재적인 문제가 클 때
• 서로 융합될 수 없는 목표를 추구하고 있을 때
• 복잡한 문제에 대하여 일시적 해결을 추구할 때
• 시간 압박으로 일단 해결점에 도달해야 할 때

다섯째, 협력 전략이다.

협력 전략은 양쪽 모두 다 만족할 수 있는 갈등 해소책을 적극적으로 찾으려는 방법이다. 자신과 상대방의 관심과 이해관계를 정확히 파악하여 문제해결을 위한 통합적 대안을

도출하는 과정이다. 문제가 복잡할 경우에는 협력 전략이 적절하다.

<적합한 상황>

- 상호 관심사가 매우 중요하여 통합적인 해결책만이 수용될 수 있을 때
- 양자의 몰입을 필요로 할 때
- 감정이 개입되어 서로의 관계를 해칠 것 같을 때
- 스스로 틀렸다는 것을 알게 되었을 때

- 협력적 갈등해결을 위한 프로세스 PINE!

갈등은 나와 상대방의 의사소통 과정에 대립, 즉 차이Gap를 인정하는 것에서 시작한다. 이런 관점에서 보면, 갈등관리 프로세스는 문제해결 프로세스와 동일하다. 왜냐하면,

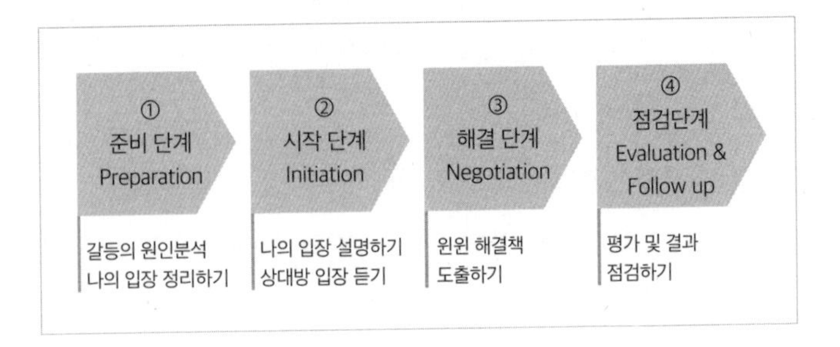

갈등을 의사소통 과정의 문제로 볼 수 있기 때문이다. 갈등 관리의 '협력 전략'을 실행하기 위한 프로세스를 다음의 4단계 PINE 모델로 접근할 수 있다.

첫째, 준비 단계이다.

대립이 정말 필요한지 판단해 보는 과정이다. 나와 상대방의 입장이 무엇이고, 어떤 측면에서 대립하고 있는지를 파악한다.

둘째, 시작 단계이다.

갈등 상황에 대해서 상호 인정하고 대화를 시작하는 단계이다. 나의 입장에 대한 솔직한 의견과 감정을 'I-메시지(또는 나 메시지)'로 공유한다. 예를 들어, "저는 ○○라고 생각하고 있다. 제 입장에서는 ○○ 부분이 걱정스럽더라고요." 와 같은 방식으로 소통할 수 있다.

그리고 상대방의 입장에 대해서 설명을 요청하고, 깊이 경청한다. 입장은 대립될 수 있지만 일단 '공감'은 할 수 있다. 그러므로 상대방의 입장에서 공감하고 있음을 보여주어야 한다. 상대방의 마음이 열리고 이성적 사고가 가능한 상황이라고 판단되면 '문제에 집중'하도록 이끌어야 한다. 상대방과 어떤 부분에 차이가 있는지를 서로 확인한다. 그리고 그 차이를 줄이는 '문제해결'을 함께하자고 제안한다.

셋째, 해결 단계이다.

해결 과정이 서로에게 도움이 된다는 점을 자주 인식시켜 주어야 한다. 즉 '공동의 문제해결'을 위해 함께 힘을 모으는 과정임을 강조해야 한다.

나와 상대방 모두에게 도움이 되는 방향으로 대안을 발굴하여 합의를 이끌어 낸다. 이때 시작점은 '공통의 분모'이다. 이를 위해서는 시작 단계에서 상호 솔직한 소통이 이루어져야 한다. 장기적 관점에서 결과와 관계 모두를 긍정적으로 이끄는 상호 윈윈을 추구한다.

넷째, 점검 단계이다.

해결 방안을 적용한 후에, 서로의 목표가 모두 달성되었는지를 확인한다. 그리고 유사한 상황이 재발할 경우에도 '해결안'이 잘 적용될 수 있도록 기회가 될 때 리마인드 하는 것도 좋다. 민감한 사항이라면, 상호 해결안의 이행 여부에 대해 평가하고 리뷰하는 시간을 정기적으로 갖는 것도 방법이다.

갈등 해결과 문제해결 모두 전형적인 프로세스는 '표준'일 뿐이다. 협업 팀의 리더는 상황과 역량 등을 종합적으로 고려하여 유연하게 적용해도 무관하다.

이상에서 살펴본 바와 같이, 리더 입장에서 갈등 상황에 대한 명확한 판단을 기반으로, 이에 적합한 전략을 선택하여 활용할 수 있다. 상황별로 다양한 접근 방식을 개발할수록, 갈등을 효과적으로 해결할 수 있다.

지금까지 다양한 사람들이 상호의존성을 바탕으로, 공동의 목표를 달성하기 위해, 문제를 해결하는 과정에서 발생할 수 있는 잠재적 갈등을 효과적으로 예방하거나 해결하는 방법에 대해서 살펴보았다.

'좋은 의도'만으로는 결코 '훌륭한 목표를 달성하기 어렵다'는 점을 기억해야 한다. 구성원 각자에게 익숙한 방법이 아니라, 공통의 합의된 프로세스를 선택하고 최적화하는 것이 중요하다. 협업 팀의 리더는 상황과 목적에 따라 효과적인 방법을 선택하여 이끌 수 있어야 한다. 실제 협업 팀의 효율성을 결정하는 '공통 프로세스'의 토대는 '의사소통 수준'이다.

8장

협업 추진 과정에서 집단지성을 이끄는 방법은?

집단지성의 개념은 협업을 다른 사회적 상호작용과 구분하는 특징임을 지속적으로 강조했다. 과업의 특징이 예외적이며, 비정형적이고 매우 복잡한 문제해결 프로젝트일 경우, 협업이 필요하다고 했다. 기존의 방식이나 독립된 방식으로도 해결이 필요한 부분이라면 낮은 수준의 협업 또는 분업으로도 충분히 해결이 가능하다. 협업 상황에 필요한 것은 '창의성'과 '새로운 아이디어'이다.

이 장에서는 협업의 차별적 특징인 '집단지성'을 발휘하기 위한 방법과, 이를 성공적으로 이끌어 낼 수 있는 퍼실리테이션 스킬에 대한 내용을 살펴보겠다.

협업의 차별적 특징, 집단지성

- 집단사고 vs. 집단지성, 왜 집단지성인가?

집단사고Group Thinking는 결속력이 높은 소규모 집단에서, 구성원 간의 갈등을 최소화하기 위해 의견 일치를 유도하여 비판적인 생각을 하지 않는 현상을 설명하는 개념이다. 스티븐 P. 로빈슨Stephen P. Robinso은 "기업에서 어떤 대안을 고민할 때, 반대 의견 없이 만장일치로 일 처리가 이뤄진다면, 집단 사고Group Think를 의심해 봐야 한다."라고 말하기도 했다.

저마다 개성과 전문성을 충분히 보유한 구성원들조차, 지나친 결속력을 강조한 나머지 '다른 의견'을 제시하지 않게 된다. 집단사고가 형성되면, 팀의 리더나 다수의 생각을 비판 없이 받아들이게 된다. 결속력이 너무 강한 경우, 다른 의견을 내는 구성원에 대해 '의리를 저버렸다'는 이유로 집단

따돌림을 하기도 한다.

집단지성Collective Intelligence은 표현은 유사하지만, 집단사고와 전혀 다른 개념이다. 집단의 다수 구성원들이 협력과 경쟁을 함으로써 얻어지는 높은 수준의 지적 능력을 의미한다. 이는 1910년 하버드대 곤충학자인 윌리엄 모턴 휠러William Morton Wheeler 교수가 개미의 사회적 행동을 관찰하면서 처음 제시했던 개념이다.

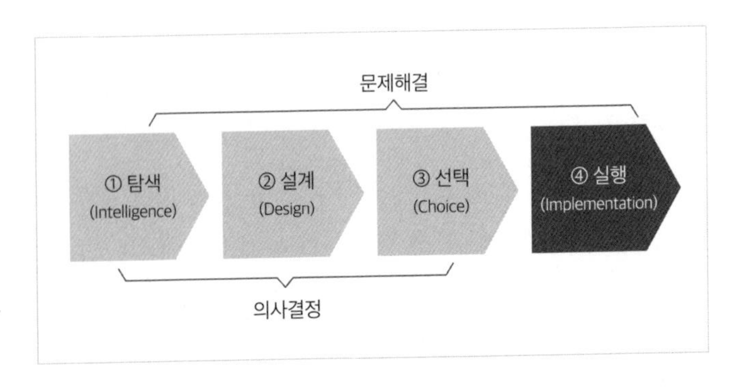

- 협업 프로젝트의 중요한 의사결정 상황에 필요한 집단지성

많은 전문가들이 의사결정을 정의하고 있지만, 사이먼H. Simon은 '목표 달성을 위해 합리적 대안을 선택하고 실행하는 과정'으로 설명한다. 경영은 본질적으로 의사결정이 핵심이다. 모든 조직은 올바른 의사결정을 추구한다. 이를 통해 '기회를 극대화'하고 '위험을 회피'함으로써, 집단의 목표 달성을 추구한다.

결국 의사결정이란 문제해결을 위한 대안 선택의 과정으로 볼 수 있다. 현대경영학의 대가인 피터 드러커Peter Drucker는 문제해결과 의사결정을 동일한 개념으로 설명한다. 실제 사이먼이 제시한 의사결정의 4단계를 살펴보면, 문제해결 과정과 차이는 마지막 단계인 '실행' 하나이다.

학자들의 논의를 떠나 협업 팀의 리더 입장에서 생각해 본다면, '실행'이 궁극의 목적이 분명하다. 그러므로 '의사결정'은 문제해결 방안을 도출하는 것을 넘어 실행을 포함하는 활동까지 고려하는 것이 바람직하다.

그렇다면 의사결정의 유형에는 어떤 것이 있을까? 의사결정을 다양한 기준으로 구분할 수 있지만, 전략경영의 아버지로 칭송받는 앤소프H. Igor Ansoff 교수는 수준과 범위에 따라 3가지로 구분했다.

첫째, 전략적 의사결정이다.

조직의 외부 환경 변화에 빠르게 적응하기 위한 의사결정을 말한다. 현재가 아닌 미래의 방향에 대한 의사결정으로, 조직의 성격을 바꿀 수도 있다. 그러므로 의사결정에 따른 범위가 광범위하다. 주로 최고경영진이나 의사결정자에 의해서 일어난다. 예를 들어 신제품 개발, 업종 전환, 전략 변경, 사업 다각화 등이 있다.

둘째, 관리적 의사결정이다.

상위 수준의 전략적 의사결정을 보다 구체화하기 위한 의사결정으로, 조직 내부의 자원을 최적화하기 위한 의사결정을 말한다. 각 기능과 부서별로 실행하는 수준으로 볼 수 있다. 주로 중간경영층이나 팀장들에 의해 이루어진다. 예를 들어 업무 프로세스 변경, 설비 변경, 원재료 구입처 선정, 인력 운영 기준 등이 있다.

셋째, 운영적(업무적) 의사결정이다.

관리적 의사결정을 구체화하기 위해, 효율성을 높이기 위한 의사결정이다. 각 직무의 실무 담당자 또는 현장관리자에 의해서 이루어지는 일상적인 의사결정 수준이다. 예를 들어 작업 계획 수립, 일정 관리, 자원 활용 등이 있다.

협업 프로젝트의 추진 과정 중 의사결정이 필요한 상황은 언제일까?

초기에 합의하거나 계획했던 것과 변경되는 상황에 필요하다. 만약 외부의 변경사항이 없거나 적다면, 의사결정이 많이 필요하지 않다. 이럴 경우 약속한 기준과 방법을 효율적으로 실행하는 것이 초점이 된다.

그러나 협업 프로젝트의 특성상 '모호함'과 '변동성'이 높다는 점에서 '의사결정이 필요한 상황'이 생각보다 많다. 구체적으로 이해관계자의 영향력과 기대 사항이 변동 가능성이 높다. 또한 프로젝트 추진 범위와 방법, 인력 등의 변화 상황이 발생할 수 있다. 프로젝트의 규모가 크고 기간이 장기라면 가능성이 더욱 높다. 이를 간략히 정리해보면, '변화가 발생하거나 필요한 상황'으로 볼 수 있다.

협업 프로젝트 추진 중 집단의사결정이 어려운 이유는 무엇일까?

협업 팀의 프로젝트는 리더를 포함한 모든 구성원에게

낯설고 어려운 상황이 분명하다. 만약 안정적 운영에 가까운 정형적인 상황이라면 어떨까? 그 분야에 충분한 경험과 전문성을 가진 소수가 방향을 제시하고, 단독으로 결정해도 문제가 없다. 과거 변화의 속도가 늦고, 고정된 사회였던 농경시대와 초기 제조업시대에는 충분히 유효한 이야기였다.

우리가 일하는 협업 상황은 이와 매우 다르다. 집단의사결정이 필요해졌고, 그 과정에서 '집단지성'이 발휘되도록 이끌어야 한다. 그러나 집단의사결정은 생각보다 쉽지 않다. 앞서 소개했던 집단사고의 함정이 있기 때문이다. 이를 3가지의 특징으로 설명하자면 집단구분화, 동조화, 집단의견의 극화 때문이다. 집단의사결정 상황이 발생하면, 같은 입장을 갖는 사람들이 소규모 집단으로 모이게 되는 '집단화' 현상이 일어나기도 한다. 소수의 사람들은 전체의 분위기를 관망하고 비슷하게 따라가는 '사회적 동조' 현상이 일반적이다. 게다가 이런 분위기는 더욱 심각해지는 '집단 극화' 현상을 유발하기도 한다.

- 집단지성을 발휘하도록 이끄는 방법

집단지성은 일상적인 의사소통과 문제해결 장면에서 발

휘될 수 있다. 예를 들어, 프로젝트 추진에 필요한 원인 분석과 대안 도출 과정에서 진행되는 '회의와 워크숍'을 통해서 이끌어 낼 수 있다. 그럼 구체적으로 어떤 요소에 주안점을 두어야 할지 살펴보겠다.

첫째, 다양한 사람들로 구성되어야 한다.

일반적으로 성별, 연령, 가치관, 전문성 등이 다른 사람들로 구성되는 것이 좋다. 다시 말해, 이질異質적인 배경을 지닌 사람들로 '서로 공유하는 부분이 적은 집단'이 효과적이다. 협업 팀의 논의 주제를 고려해서 경험과 전문성 측면에서 충분히 기여할 수 있어야 한다. 학습의 목적이라면 나쁘지 않지만, 막연히 참석하면 도움될 것이라는 관점은 지양해야 한다. 본래 다양성Diversity은 역동성Dynamic을 지닌다. 반면 이런 차이점Difference은 잠재적 갈등을 해결하는 스킬과 소통의 비용이 요구된다.

둘째, 필요한 정보와 자원을 충분히 제공해야 한다.

논의하는 배경을 종합적으로 이해하는 데 필요한 최신의 유효한 정보를 제공해야 한다. '공통의 이해 수준'을 기반으로 논의가 전개될 수 있도록 환경을 조성해야 한다. 특히 회의 목적과 궁극적인 목표에 대한 정보는 기본 중의 기본이 될 수 있다. 정보가 부족한 경우, 소수의 오피니언 리더들의 입장에 쉽게 동조할 수 있다. 이를 경계해야 한다. 예를 들어, 주제와 관련한 목표와 방향, 제한점과 영향 요인 등에 대한 자료를 제공하거나 설명해주어야 한다. 이를 통해 각자 사안을 인식하고 판단할 수 있다.

셋째, 참여하는 사람들의 의견 하나하나를 동등하게 존중해야 한다.

과거 위계적, 수직적 문화 속에서 진행했던 회의를 떠올려 봐도 좋다. 대부분 영향력 있는 사람들이 주도했다. 예를 들어, 공식적 의사결정 권한을 갖고 있거나, 충분한 경험이나 탁월한 전문성을 보유하거나, 직급과 연령이 높은 사람들의 입장이나 의견에 힘이 실리곤 했다. 이를 극복하기 위해서는 찬반 토론이나 다수결 방식을 통해서 집단의사결정을 유도하는 것도 하나의 방법이 될 수 있다. 그리고 영향력이 높은 사람들은 '의견을 가장 나중에 제시'하는 것이 좋다.

넷째, 자유 토론이 이루어져야 한다.

회의 참가자들이 각자의 의견을 자유롭게 개진할 수 있

도록 기회가 주어져야 한다. 소수가 발언을 독점하지 않도록 개입해야 한다. 그리고 침묵하는 참가자가 없도록, '모두가 발언의 책무를 나누어진다'는 그라운드룰을 미리 만드는 것도 좋다. 무엇보다 대립된 의견은 환영하지만, 상대방 의견을 존중하는 태도를 유지하도록 이끌어야 한다.

- Disagree But Commit?

"Disagree But Commit?"라는 말은 상대방 의견에 대해서는 반대했지만, 팀의 결정을 나의 것으로 받아들이고 수용하는 것을 '기업의 문화'로 강조하는 문장이다. 과거 인텔의 회의 원칙으로 활용하던 것을, 아마존의 CEO 제프 베조스가 채택해서 꾸준히 자신의 문화로 안착시켰다.

과거 우리의 문화를 떠올려보면 이와 반대되는 경우가 많았다. 중요한 의사결정을 위한 회의 또는 토론 석상에서는 침묵하고, 소수가 모인 휴게실에서 불만과 반대 의견을 표현하는 경우가 적지 않았다. 더러는 자신의 입장과 반대되는 결론이 집단의사결정으로 확정된 경우, 실행 과정에서 "나는 그거 반대야."라고 참여도를 낮추는 경우도 있었다.

이를 개선하기 위한 좋은 방법이 '자유토론'이다. 자신의 입장과 생각을 편안하게 공유할 기회를 가진 사람들은 '의사결정 결과'에 대한 수용도가 높다. 더불어 '실행률'도 높다는 연구결과를 쉽게 찾을 수 있다.

2

심리적 안전감의 확보

회의 중 이런 발언을 들어 본 경험이 있는가?

- 저는 모르겠는데요…
- 저는 틀렸을 수도 있어 보이는데요…
- 저는 생각이 다른데요…
- 개인적으로 우려되는 부분이 있는데요…

협업 팀원들의 모습 속에서 이런 행동을 쉽게 관찰하기 어려웠다면, 분명 '심리적으로 안전하지 않다'고 느낄 가능성이 높다. 다른 생각, 반대 의견이나 속마음을 전달하지 않는다면? 불안함을 느끼고 있다는 점을 보여주는 셈이다.

"좋은 의견이다. 그러니 다음 주까지 김 대리님이 구체화해서 보고해주세요!"라는 답변이 예상된다고 생각해 보자. 의견을 제시하는 것이 그 일을 담당해야 한다는 말과 동일하게 받아들여진다고 생각하면 어떨까? 사람들은 '발언에 대한 책임과 부담감'때문에 적극적인 참여를 하지 않을 가능성이 높다.

"아니 왜 꼭 그렇게 부정적으로만 생각합니까?"라고 핀잔을 들을 가능성이 높다면 어떨까. 팀이 집단사고에 빠져 객관화를 하지 못한다는 판단에서 어렵게 용기를 내어 꺼낸 이야기에 불편하게 반응하는 경우가 종종 있다. 사람들은 굳이 관계를 불편하게 만들 필요가 없다고 생각한다. 그리 대단한 이야기도 아니니, 대충 넘어갔으면 하는 생각을 할 수도 있다.

- 심리적 안전감을 높이기 위해 무엇을 해야 할까?

첫째, 회의 그라운드룰에서 '의견 제안자'와 '실행 담당자'는 다를 수 있음을 미리 명확히 하는 것이다.

'가장 좋은 방안을 발굴하고, 최적의 실행이 가능한 사람이 담당한다'와 같은 약속을 해도 좋다. 이때 중요한 것은 약속한 원칙이 훼손되지 않도록 반드시 준수해야 하고, 이를 확인해 주어야 한다. 적어도 2번 이상 꾸준히 반복이 되어야, 신뢰 지수를 높일 수 있다. 이후 자연스러운 '협업 팀의 회의 문화'가 될 수 있다.

둘째, 악마의 옹호자Devil's Advocate 방식을 도입하는 것이다.

회의에 참석한 사람들 중에 반대편에 서서 검증 요청이나 반론 제기를 담당하는 역할을 부여한다. 그 역할이 부담스러울 때, 중요한 의사결정 상황에서 외부인을 초청해서 악마의 옹호자 역할을 요청하는 것도 대안이 될 수 있다. 실제 인텔의 CEO 앤디 그로브Andy Grove는 이 역할을 외부인에게 맡겼다. 이를 통해 회의의 질적 수준은 매우 높아졌다. 모호한 주제에 대한 학습과 더 나은 대안을 선택하기 위해서는, '양 끝단의 주장'을 모두 들어보는 것이 종합적으로 도움이 된다. 각 주장의 근거를 살펴보면, 실체적 진실에 대한 이해도가 높아진다. 변증법적 접근이 바로 이런 방식이다.

셋째, 의견을 제시할 때 '잠재적 위험 또는 단점'을 포함하도록 하는 것이다.

이는 충분히 생각하고, 예상되는 반대 의견에 대한 반박까지 미리 고려하도록 한 것이다. 세계 최고의 애니메이션

영화 제작업체인 픽사Pixar에서는 좋은 점 다섯 가지와 문제점 다섯 가지를 의무적으로 이야기하는 회의 문화가 있다. 그들의 다양한 작품의 품질이 높은 이유를 잘 설명한다.

넷째, 구성원들이 충분히 성숙 또는 신뢰하지 못하는 단계라고 한다면 '익명성'을 보장하는 방식의 의견 개진도 좋다.

예를 들어, 포스트잇을 활용하거나 모바일을 활용한 익명 채팅방 등을 고려해 볼 수 있다.

워크숍을 설계하는 방법

- 왜 워크숍인가?

집단지성을 발휘하기 좋은 상황은 회의 장면이라 말한 바 있다. 다양한 회의 중에 과제 해결을 위한 미션 회의에 보다 특화된 워크숍이 꼭 필요하다.

현업에서 워크숍과 팀 빌딩을 혼용하여 이해하는 경우들이 적지 않다. 왜냐하면 워크숍 행사 중에 팀 빌딩을 목적으로 다양한 활동이 진행되는 사례가 많았기 때문이다. 이런 형태가 보다 익숙해지면서 순수한 팀 빌딩 목적의 활동을 워크숍으로 부르는 경우들이 늘었다.

모든 전문가 집단은 '용어 사용'에 대한 까다로운 기준이 있다. 이것과 저것이 어떻게 다른지를 명확하게 구분하는 과정에서, 전문 영역이 더욱 성장했다는 사실에 주목할 필요가 있다. 이런 관점에서 기존에 관행적으로 사용하던 팀 빌딩과 워크숍은 철저하게 분리해서 활용하기를 추천한다.

워크숍은 '해결이 필요한 문제'나 '의사결정을 해야 하는 주제'가 명확한 상황에서, 참여자들의 자유 토론을 통해서 결론을 도출하는 회의라고 볼 수 있다. 기존의 일상적 반복적 회의와 다른 2가지 특징은 다음과 같다.

첫째, 참여적 양방향 소통 방식으로 이루어져야 한다. 일방적 정보 공유를 위한 방식은 워크숍이 아니다. 둘째, 산출물을 도출해야 한다. 친밀감을 형성하거나 생각을 교환하는 수준으로는 부족하다. 정해진 시간에 의도했던 결과를 도출해야 한다.

팀워크 향상의 목적은 팀 빌딩으로 명명하고, 일상적 회의는 업무 회의 또는 주간 회의 등으로 부를 수 있다. 오직 '집단지성이 필요한 활동'에 한해 '워크숍' 명칭을 사용하길 추천하겠다.

- 협업 시 워크숍이 필요한 상황은?

협업 팀의 프로젝트 수행 과정에 집단지성 발휘와 시너지 효과를 기대하는 구체적인 상황이 바로 워크숍이다. 워크숍은 문제해결과 의사결정이 필요한 상황에 적합하다. 적어도 본 과정을 통해서 학습했던 상황에 워크숍 방식으로 진행할 기회가 적지 않다.

- 프로젝트 헌장을 작성할 때
- WBS를 작성할 때
- 이해관계자 관리 계획을 수립할 때
- 리스크 관리 계획을 수립할 때
- 마일스톤 결과를 공유하고 개선 방안을 수립할 때
- 변화 상황에 대한 대응 방안을 수립할 때

리더 입장에서 워크숍을 활용하면, 팀원뿐 아니라 다양한 이해관계자의 참여와 지지를 이끌어 내는 데 도움이 된다. 사람들은 자신이 궁금해하는 정보에 대한 설명을 듣거나, 고유의 생각을 공유할 기회가 공식적으로 제공되는지에 대한 관심이 높다. 이 과정을 통해서 구성원을 존중하는 마음을 전달할 수 있다. 그리고 참여를 통해서 결과에 대한 수용도를 높일 수 있다. 궁극적으로는 실행력을 높여 협업 팀의 성공을 이끄는 데 도움이 되는 훌륭한 전략이다.

- 워크숍 설계를 위해 고려할 5가지

일반적으로 모든 계획 수립을 위해서 중요한 요소는 Why, What, How 3가지 요소를 구체화해야 한다. 워크숍은 교육 과정처럼 면밀히 계획할 필요는 없지만, 즉흥적으로 토론할 만큼 개방적이거나 자유로운 것도 아니다. 참석자들이 건설적이고 긍정적인 방식으로 참여할 수 있도록 적합한 환경, 분위기, 기회를 만들어주어야 한다. 앞서 설명한 팀 빌딩 워크숍 실시 방법을 다시 한번 참고해 봐도 좋다.

No	설계 요소	검토 사항
1	목적(Propose)	• 워크숍의 실시 배경(why)
2	산출물(Products)	• 워크숍에서 도출해야 할 목표 산출물 정의
3	참석자 (Participants)	• 참석자 선정, 관심사 파악 • 주제에 대한 이해 수준 및 입장 파악
4	절차(Process)	• 산출물 도출을 위해 어떤 과정을 거쳐야 하는지 프로그램 결정 • 시간과 인원 규모, 예상 안건 등을 고려한 진행 방법과 시나리오 구성
5	예상되는 이슈 (Probable Issue)	• 리스크 확인 및 평가 • 핵심 리스크에 대한 대응책 준비

참조: 소통, 공룡을 표범처럼 날렵하게 만든다, 동아비즈니스리뷰(2014) 재구성

구체적 설계에 참고할 2가지 측면의 고려 사항은 다음과 같다.

첫째, 시간 안분이다.

집중도를 고려해서, 15~30분 단위로 적절하게 개입하거나 전환하는 활동을 반영하는 것이 효과적이다. 변화는 집중력을 유지하도록 돕는다. 참석자들의 심리적 변화를 예상하여, 휴식 시간을 적절히 반영해야 한다. 이때 자주 쉬는 것보다 20분 정도로 배정하여 충분하게 쉬는 것이 효과적일

시간	활동 내용	소요시간	대상
09:00~	• 환영인사 및 소개 : 워크숍 목적/산출물 공유 • 워크숍 프로세스 및 일정 소개 • 역할 분담 및 그라운드 룰 설정	30분	전체
09:30~	• 프로젝트 추진경과 리뷰 및 후속 활동 소개	30분	전체
	• 목표 달성을 위한 전략과제 도출	30분	소그룹
10:30~	• 브레이크 타임	20분	-
10:50~	• 토의 결과에 대한 소그룹 발표 및 전략 확정	20분	전체
	• 투표를 활용한 전략과제 우선순위 선정	20분	
11:30~	• 전략과제 실행을 위한 아이디어 도출	20분	소그룹
	• 토의 결과에 대한 소그룹 발표	20분	전체
12:10~	• 워크숍 결과 요약 및 향후 진행 계획 안내 • 마무리	20분	전체

〈워크숍 설계 작성 예시: 목표 설정 워크숍〉

수 있다. 그 과정에 서로 소통하고, 비공식적 의견을 들을 수 있다.

둘째, 프로그램 순서이다.

마음을 열고 공감대를 형성한 후에 이성적 몰입을 유도할 수 있다. 목적과 목표, 전체 일정 등의 소개뿐 아니라 예상되는 이슈에 대한 명확한 설명을 미리 제공해야 한다. 가벼운 게임이나 아이스브레이킹도 좋다. 주제는 간단한 이슈에서 복잡한 이슈로 순서를 배정한다. 같은 맥락으로 모두 공유하고 있는 것에서 모르는 것 순서로 배정한다.

셋째, 사전 준비 사항이다.

워크숍의 명확한 목적과 이해를 돕기 위한 자료를 미리 제공해야 한다. 이를 통해서 워크숍 시간을 보다 효율적으로 활용할 수 있다. 이때 미리 생각을 정리하거나 공유해야 하는 자료를 준비하도록 '공통 양식'을 '작성 예시'와 함께 전달하는 것이 효과적이다. 참석자 모두 충실히 준비하는 것이 자연스런 문화로 정착되도록 유도해야 한다.

참여적 의사결정을 이끌기 위한 퍼실리테이션 스킬

- 퍼실리테이션Facilitation이란?

퍼실리테이션은 우리말로 '촉진 작용 또는 용이하게 하기'로 번역할 수 있다. 그래서 국내에 소개되었을 때, '촉진자'라는 용어로 널리 활용되었다. 다양한 개념 정의 중 '협업팀의 집단지성 촉진'과 관련한 의미를 잘 설명한 정의는 다음과 같다.

첫째, 전략 컨설턴트인 마이클 도일Michael Doyle이 제시한 개념이다. 그는 퍼실리테이션을 '집단이나 조직이 협업과 시너지를 창출하여, 보다 효과적으로 일할 수 있도록 하는 과정'으로 정의하였다.

둘째, 퍼실리테이션 전문가인 잉그리드 벤스Ingrid Bens가 제시한 개념이다. 그녀는 퍼실리테이션을 '집단이 효과적으로 기능하여 양질의 의사결정을 할 수 있도록 구조와 절차를 형성하는 과정'으로 정의하였다.

이를 정리하자면, 퍼실리테이션이란 '집단지성이 필요한 워크숍을 중립적으로 이끌어, 의도하는 결과를 도출하는 과정'으로 볼 수 있다. 협업 팀의 리더는 참여를 통해 건전한 토의를 촉진하고, 의사결정의 '수용도와 실행력'을 높이기 위한 효과적인 전략으로 활용할 수 있다.

- 퍼실리테이터의 역할과 필요한 스킬?

퍼실리테이터는 '워크숍 과정을 중립적으로 이끄는 사람'으로 이해하면 된다. 기대하는 역할과 역할 수행에 필요한 핵심 스킬이 무엇인지 간략하게 소개하겠다.

첫째, 워크숍 목표 달성을 이끄는 진행자 역할을 수행한다.

워크숍의 목표와 기대 산출물 도출을 위해 집중을 유도한다. 약속한 시간 안에 '결과'를 도출해야 하기 때문에, 효율적인 시간과 주제 관리가 중요하다. 논의 과정에 대한 내용을 정리하고 요약하는 스킬이 필요하다. 또한 워크숍 진행에 방해되는 행동을 주의 깊게 관찰하고, 적시에 개입하는 스킬이 필요하다.

둘째, 의사소통을 촉진하는 역할을 수행한다.

심리적 안전감을 조성하고, 편안하게 의견을 제시할 수 있도록 경청하는 스킬이 필요하다. 모든 의견이 무시되지 않고, 중요하게 존중받고 있다는 사실을 보여주어야 한다. 무엇보다 참석자들의 창의적 아이디어를 끌어내도록 효과적인 질문을 개발하고 사용하는 스킬이 필요하다.

셋째, 조정자 역할을 수행한다.

참석자들 사이의 대립과 갈등을 감지하고 원만하게 조정하는 역할을 수행한다. 다양한 관점을 반영한 다른 의견은 지지하지만, 상대를 평가하거나 비난하는 것을 자제해야 한다.

협업 팀의 리더가 직접 퍼실리테이터 역할을 수행할 때, 주의할 사항이 하나 있다. 리더의 '중립성 유지'이다. 우리가 지향하는 협업 팀의 문화는 수평적 양방향 소통을 지향하지만, 상대적으로 협업 팀 리더의 영향력이 클 수 있다. 이를 위해서 평가 또는 판단을 표현해서는 안 된다. 무심코 반응하는 비언어적인 표현과 자세에 주의해야 한다. 프로세스에 관심을 두고, 내용은 구성원이 결정하도록 해야 한다.

협업 팀 리더가 보유한 '전문성과 권한'을 통해 '위계적 영향력'을 행사하지 않도록 주의해야 한다. 만약 우려된다면, 역량과 경험을 갖춘 것으로 판단되는 협업 팀원에게 요청하는 것이 바람직하다.

- 참여 촉진을 위한 질문 방법?

퍼실리테이터는 워크숍 참가자들의 참여를 높이거나, 모호한 것을 명확히 하기 위한 목적으로 질문한다. 창의적 아이디어와 집단지성 발휘를 위해, 가장 중요한 부분이 '질문을 통한 촉진'이라고 생각해도 좋다.

- 질문을 하면 답이 나온다.
- 질문을 하면 정보를 얻는다.
- 질문을 하면 통제가 된다.
- 질문을 하면 마음을 열게 된다.
- 질문은 생각을 자극한다.
- 질문은 귀를 기울이게 한다.
- 질문에 답하면 스스로 설득된다.

출처: 도로시 리즈(Dorothy Leeds), 2016, 『질문의 7가지 힘』

인간의 사고 능력은 질문하지 않으면 반응하지 않는 특징을 갖는다. 그러므로 상황에 맞게 사용하는 스킬이 필요하다.

구 분	목적	사례
열린 질문	주제 관심 자극	"시스템의 어느 부분에 대해 불만족스러운가요?"
확인 질문	요점 명확화	"얼마나 이런 일이 자주 일어나나요?"
예시 질문	주장 구체화	"서비스 개선을 가져온 최근의 구체적인 사례가 있나요?"
탐색 질문	추가 정보 파악	"왜 그런 행동을 하게 되었는지 말씀해 주실 수 있나요?"
촉진 질문	새로운 관점, 참여 유도	"이 주제에 대해 또 다른 의견 있나요?"

답변에 대한 참석자들의 이해도를 파악하고, 필요시 보다 명확히 하기 위해 '바꾸어 말하거나' '요약해서 말하는 방법'이 필요하다. 중요한 내용의 경우, 간결하게 기록하는 것도 좋다.

- 아이디어를 통합하고, 의사결정 하는 방법?

협업 팀의 프로젝트 과정에서 의사결정의 기준에서 효과성과 효율성을 충족하는 것은 기본 전제로 볼 수 있다. 논의 주제의 특징과 목적을 고려하여, 중요한 선정 기준을 합의하는 것이 필요하다. 이를 반영한 3가지 기준은 다음과 같다.

Purpose: 목표 달성에 기여도가 높은가?

Process: 실행 가능성이 높은가?

Profit: 투입 대비 효과가 높은가?

최종 의사결정을 위해서는 아이디어별 선정 기준별로 평가한다. 참가자들의 다양한 의견을 동등하게 존중하기 위해, 다수결의 방식으로 결정할 수 있다. 워크숍 진행 중 빠르고 쉽게 활용할 수 있는 방법은 다음과 같다.

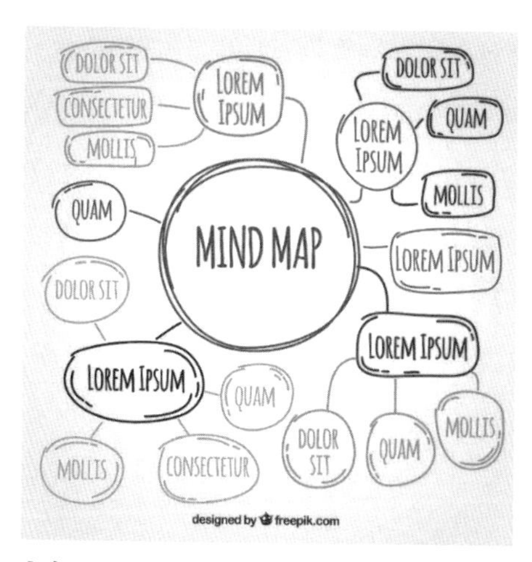

출처: https://www.freepik.es/vector-gratis/mapa-conceptual-colorido-dibujado-mano_1291724.htm#page=1&query=mapas%20conceptuales&position=1

- 손 들기: 각 개인에게 손 들어 가장 선호하는 5가지 아이디어 선택
- 스티커 붙이기: 공감하는 아이디어에 스티커(비공개 진행)
- 아이디어별 점수 주기: 5점 또는 10점 척도

심리적 안전감 확보가 중요한 상황이라면, 익명성을 보장할 수 있는 비공개 방식이나 모바일 앱을 활용하는 것이 효과적이다.

- 명확성을 높이기 위해 개입해야 하는 경우?

대부분의 소통 과정에서 말하는 사람의 명확한 의도를 이해하기 어려운 경우, 듣는 사람 입장에서 익숙하거나 유리한 방향으로 해석할 가능성이 높다. 토론 과정에서는 상대방의 입장이 명확하지 않을 경우, '○○일 것이다.'라는 가정을 쉽게 한다. 그리고 이를 바탕으로 한 걸음 더 나아가 '그러므로 ○○ 해야 한다.'라는 추론이 이루어질 가능성이 높다.

다시 말해 본래 의도와 전혀 다른 해석을 할 가능성이 높다. 이처럼 의견을 교환하는 과정에서 가정과 추론의 모습

이 관찰된다면, 퍼실리테이터는 참석자들에게 명확성을 높여 주기 위해 토론 도중에 개입을 해야 한다.

예시 1)

"잠시만요. 김 책임님! 방금 전 ○○라고 말씀하셨는데 맞지요?"

"예."

"저희 입장에서는 ○○은 △△로 이해되는데요. 맞습니까?"

예시2)

"김 책임님! 방금 전 말씀하신 건은 이미 실패할 것이라고 가정하신 것 아닌가요? 그렇게 판단하신 이유를 구체적인 사례를 들어서 설명해 주시겠습니까?"

이 과정에서 주의해야 하는 부분은, 상대방이 잘못했다는 인상을 주지 않는 것이 중요하다. 이를 위해 퍼실리테이터는 상대방이 구체적으로 언급했던 말과 행동을 '동일하게 재현 또는 묘사'하는 것이 효과적이다.

- 원활한 진행을 방해하는 경우?

발언 기회를 독점하거나 주도하는 구성원에게는 모든 참

석자의 의견이 소중하다는 것을 알려야 한다. 만약 이 방법이 통하지 않는다면, 너무 오랫동안 이야기하지 않도록 중간에 개입해서 제한해야 한다.

잡담하는 구성원은 다른 참석자들을 방해할 수 있으므로, 즉시 문제 행동의 중단을 요구해야 한다. 그럼에도 불구하고 잡담이 계속되면 쉬는 시간에 자리를 옮기는 것도 좋은 방법이다.

침묵하는 구성원은 그룹의 논의에 참여하는 것을 불편해 할 수 있다. 이런 사람들은 한 명씩 차례로 이야기하는 토론 방법을 활용해서 자연스럽게 토론에 참여하도록 독려한다. 수줍음 때문이라면, 익명성을 보장할 수 있는 포스트잇이나 모바일 앱을 사용하는 것으로 참여를 이끌어도 좋다.

부정적인 구성원은 모든 사항에 대해 논쟁적이고 부정적인 견해를 표현하며 워크숍 전체가 시간 낭비라고 주장할 가능성이 있다. 그런 행동이 관찰되면, 자제를 요청하고, 계속된다면 쉬는 시간에 이야기를 나누며 건설적으로 행동할 것을 요구하거나 워크숍을 떠나도록 강한 메시지를 전달해야 한다.

이상과 같이 협업 프로젝트의 추진 과정 전반의 중요한 의사결정 상황에 적용할 수 있는 스킬을 살펴보았다. 올바른 의사결정을 위해서는 집단의사결정 방법이 효과적이다. 협업 팀이 지향하는 집단지성을 효과적으로 발휘하기 위해, 워크숍을 설계하고 성공적으로 운영해야 한다. 협업 팀의 리더는 적극적으로 참여해서, 창의적 아이디어를 발굴하고 올바른 의사결정을 이끄는 구체적 스킬을 자연스럽게 발휘할 수 있어야 한다.

9장

협업 추진 상황별 효과적인 **소통 방법**은?

협업 팀은 서로 배경이 다른 사람들, 즉 공유하는 부분이 적은 사람들이 팀을 이루어서 낯선 문제해결 프로젝트를 수행한다. 게다가 같은 공간에서 작업을 진행할 수도 있지만, 비대면 리모트 상황에서 실시간 공동작업을 수행해야 하는 경우도 꾸준히 증가하고 있다. 이러한 소통 환경에서 기존의 '고맥락 대면 소통 방식'은 효과적이지 않다. 리모트 상황에 적합한 도구는 소통의 장애를 극복하고, 효율을 높이는 데 크게 기여한다.

협업 팀의 리더는 상황에 따라 다양한 소통 방식을 구사할 수 있어야 한다. 협업 팀의 발달 초기인 형성기에는 지시적인 리더십 스타일을 발휘하며, 목표와 방향을 제시하고 설명하는 스킬이 필요하다. 추진 과정에 협업 팀원들의 동기가 저하될 때는 격려하여 동기를 유발할 수 있는 면담 스킬도 필요하다. 특히 문제 행동을 하는 경우 적시에 피드백을 전달하는 스킬이 중요하다. 상대방의 심리적 반응은 수용도와 실행도를 결정할 수 있다. 이번 장에서는 이러한 상황에 효과적으로 소통할 수 있는 스킬에 대한 내용을 살펴보겠다.

1

저맥락 소통 상황에 맞는 소통 방법

- 고맥락과 저맥락 문화의 특징

에드워드홀Edwards Hall은 비교문화 연구를 통해 동양을 '고맥락 문화High Context Culture'로 정의하고 서양을 '저맥락 문화Low Context Culture'로 설명했다. 주로 동서양의 다른 특징을 중심으로 제시했다.

동양의 고맥락 문화		서양의 저맥락 문화
집단 중심	VS	개인 중심
동질성, 폐쇄성		다양성, 개방성
감성적, 관계중시		이성적, 계약중시
수직적		수평적

* Edward Hall.(1959), 침묵의 언어

동양은 동질성을 바탕으로 형성된 집단 중심의 문화적

특징을 갖고 있다. 이런 특징은 폐쇄성을 높게 하고, 수직적 인 관계를 중시하게 만들었다. 이와 달리 서양은 이질성을 바탕으로 형성되었기 때문에 개인 중심의 문화적 특징을 보인다. 다양한 사람들이 만나 서로 교류하기 위해, 이성적인 계약을 중시하는 수평적인 문화를 형성하게 되었다.

오랜 전통을 중심으로 볼 때, 세계 여러 나라의 언어와 문화는 고유하게 이어져 올 수 있었다. 그러나 정보통신기술의 비약적인 발달은 전 세계의 문화를 융합하고 동조하도록 촉진해왔다. 예를 들어, 미국 실리콘밸리의 거대 기업인 구글과 애플 그리고 넷플릭스와 아마존 등의 서비스는 전 세계인을 대상으로 실시간으로 비즈니스를 제공하고 있는 상황이다. 앞으로 '문화적 통일성' 또는 '공통점'은 더욱 커지고 빠르게 확산될 수 있다는 점을 쉽게 예상해 볼 수 있다.

이를 바탕으로 동서양의 가치는 서로 융합되고, 상호 강점에 대한 부분을 적용하기 위해 애쓰는 모습이 두드러지게 나타났다. 서양의 문명과 산업사회의 발달은 '사회적 연대'라는 공동체적 사고와 감성에 대한 중요성을 새롭게 주목한 지 이미 오래다. 이를 모더니즘에 반성하는 포스트 모더니

즘 문화로 설명하기도 한다. 동양의 경우, 고도 성장기를 맞이하면서 개인의 다양한 가치를 존중할 수 있는 수평적 문화에 대한 요구가 매우 높아졌다.

- 문화적 특징에 따른 소통 방식의 차이

동양의 고맥락적 커뮤니케이션의 경우, 나와 상대방이 공유하는 공통점이 많다는 전제에서 접근한다. 서로에 대한 충분한 이해를 전제로 소통하기 때문에, '상황과 관계'를 매우 중요하게 생각한다. 비언어적인 표정이나 제스처를 중심으로, 우회적인 메시지를 전달하기도 한다.

구체적으로 말하거나, 이를 확인하기 위해서 질문하는 것을 부담스럽게 생각한다. 왜냐하면 수직적 구조의 사회이기 때문이다. 상대방의 메시지를 '알아서 해석'한다. 그래서 소통에 오류가 생겨 오해하는 경우도 자주 발생한다. 덕분에 '눈치 빠른 사람'이 소통을 잘할 수 있었다.

서양의 저맥락 커뮤니케이션의 경우, 나와 상대방의 공통점이 적다는 점을 전제로 한다. 다시 말해 내가 알고 있는 사실과 정보를 상대방은 모를 가능성이 높다는 점에서 소통을 시작한다.

그러므로 아무것도 모르는 사람에게 무언가를 설명하는 방식으로 소통을 하게 된다. 최대한 구체적이고 상세한 내용을 전달하기 위해, 매뉴얼과 규정을 활용한다. 상황 또는 대상과 상관없이 일관되게 적용되는 '언어 중심의 메시지'를 추구한다. 상대방의 질문 방식과 상관없이 자신의 입장에 맞는 것을 답변한다. 예를 들어, "식사했나요?"(긍정형 질문)와 "식사 안 했어요?"(부정형 질문)라는 질문 형식과 무관하게 자신이 식사를 했으면 무조건 Yes라고 답을 한다. 이와 달리 동양의 경우, 질문하는 방식에 따라 다르게 답변한다. 명확하고 직접적으로 메시지를 전달한다.

고맥락 커뮤니케이션	저맥락 커뮤니케이션
상황적, 관계 중심	매뉴얼, 규정 중심
비언어 메시지 중시	언어 메시지 중시
암시적, 우회적	직접적, 명시적
다양한 커뮤니케이션 채널	제한적 채널

이를 정리해보면, 최근 우리의 일터 환경은 크게 변화했다. 같은 공간에서 오랫동안 함께 시간을 보내며 대면 소통

을 할 수 없는 상황이 증가하고 있기 때문에 '저맥락' 문화에 가까워지고 있다. 게다가 협업 팀의 업무적 소통은 철저하게 '저맥락 소통' 방식이 효과적이다. 왜냐하면 협업 팀원들의 공유하는 부분이 적고, 더러는 비대면 리모트 상황에서 협업을 수행해야 하기 때문이다.

- 협업 팀의 저맥락 상황에서의 소통 Tip

첫째, 변하지 않는 속성에 주목해야 한다.

① 목적

저맥락 소통 상황에 적합하지만, 기존과 달라지지 않은 부분도 있다. 소통의 목적과 상대방의 특징이다. 협업 프로젝트를 추진하는 과정에서 일어나는 소통은 정보를 공유하는 것과 의사결정을 위한 '설득'을 주된 목적으로 볼 수 있다. 이는 문화적 특징과 상관없이 '목적'은 하나도 변함이 없다. 그러므로 본래의 소통 목적을 달성하는 데 부족함이 없는지 꼼꼼히 살펴보는 것이 필요하다.

② 상대방

다음으로 주목해야 하는 부분이 바로 '상대방, 인간의 보편적 특징'이다. 인간은 감정적 반응과 주관적 해석에서 자유로울 수 없는 존재라는 점이다. 사회적 관계에서 '자신의 존재를 인정'받고 싶은 인간의 욕구는, 인류 역사 이래 한 번도 바뀐 적이 없다. 정보통신기술의 변화는 역사 이래 꾸준히 바뀌어 왔던 반면, '존중과 인정'에 대한 욕구는 앞으로도 영원히 동일하지 않을까 싶다.

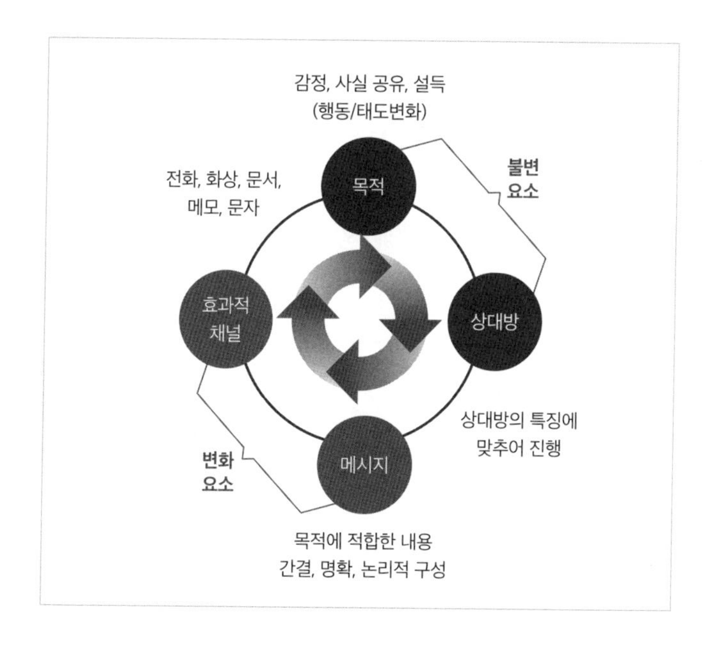

이를 간략하게 정리해서 설명하자면, '공감하지 않고는

합의할 수 없다'는 것이다. 설득이라는 까다로운 소통의 목적 달성을 위해서는, 의식하든 의식하지 않든 '상대방을 존중하고 인정'한다는 메시지를 효과적으로 전달해야 한다. 실제 효과적 설득을 이야기하는 '설득의 심리학'도 논리가 아닌 '심리'에 주목하고 있다는 것을 살펴본 바 있다. 상대방에게 존중과 인정, 공감의 메시지를 전달하기 위한 몇 가지 방법을 소개하면 다음과 같다.

- 공통점을 기반으로 공감대를 발굴하라.
- 경청하고 있음을 몸으로 보여주고 말로 표현하라.
- 상대방의 관심사에 대해 호기심을 표현하고 가볍게 질문하라.
- 감사와 사과, 미안함의 감정을 구체적인 표현하라.
- 상대방의 정확한 이름과 적합한 호칭을 사용하라.

둘째, 변하는 속성에 맞추어 소통 채널과 메시지를 구성해야 한다.

① 소통 채널

UCLA의 교수였던 앨버트 메라비언Albert Mehrabian은 상대방의 인상이나 호감을 결정하는 데 있어서 비언어적인 정보인 제스처와 표정이 55%, 목소리가 38%, 핵심 내용인 메시지가 7%로 작용한다는 연구 결과를 발표했다.

비대면 리모트 상황에서는 대면 소통과 다른 소통 채널을 활용해야 한다. 다섯 가지 감각 정보를 충분히 제공하기 어려운 상황이다. 다시 말해 상대방과 '감정 소통'을 효과적으로 하기 어렵다는 의미이다.

커뮤니케이션 목적과 주제의 특징에 따라 적절한 소통 채널을 선택해야 한다. 만약 복잡한 정보를 다양한 사람들에게 동시에 전달해야 하는 상황이라면, 이메일과 메신저, 협업 프로그램을 선택할 수 있다. 그리고 해석에 따라서 오해 가능성이 있거나 민감한 사항이라고 한다면 화상 회의 또는 전화 회의를 선택해야 한다. 이와 비슷하게 상대방에게 내면의 진심을 보여주기 위한 상황이나, 상대방의 이해도와 수용도가 중요한 경우에도 시청각 정보를 동시에 주고받을 수 있는 채널을 선택해야 한다. 반면 정보 전달 또는 회신의 긴급성이 낮다면, 이메일 또는 메신저를 선택할 수 있다.

[효과적인 리모트 협업 도구]

협업은 리모트 워크 환경이 개선되면서 더욱 급증했다. 시간과 공간의 제약을 받지 않고, 다양한 형태의 협업이 가능 해졌기 때문이다. 최근 다양한 협업 도구 중 화상 회의와 메신저 기능을 중심으로 점진적으로 진화되었다. 특히 실시간으로 문서 작업을 함께할 수 있는 MS와 Google의 프로그램은 이미 익숙하다.

여기에 협업 팀의 집단지성 발휘를 도울 수 있는 비대면 워크숍이 가능한 도구에 주목해 볼 필요가 있다. 패들렛Padlet과 잼보드Jamboard, 알로Allo는 '포스트잇'과 '스티커' 그리고 '게시판' 등의 기능을 동시에 사용하도록 도와준다. 인원이 많을 경우, 참석자들을 소규모 집단으로 나누어 동시에 작업을 진행할 수 있다.

특히 익명성을 전제로 다양한 사람들의 의견을 실시간으로 확인하고 빈도 분석과 그래픽으로 구현해주는 프로그램인 '멘티미터Mentimeter'와 '슬라이도Slido'는 심리적 안전감을 확보하도록 도와준다.

화상회의	zoom Video Communications, cisco Webex, Microsoft Teams, Gooroomee
서문 (익명 소통)	Mentimeter, slido, Poll Everywhere, Kahoot!
실시간 협업	Trello, Jira, slack, padlet, ALLO, Jamboard, agit, JANDI, Google Workspace

활용과 관련하여 조언을 하자면, 협업 프로젝트의 성격과 참여 환경을 고려한 선택이 중요하다. 무엇보다 모든 사람이 쉽게 사용할 수 있는 도구를 선택하는 것이 활용도가 높다. 협업 도구를 선택하고, 결국 대면 또는 다른 채널로 소통한다면 비효율이 될 수 있음을 꼭 유념하기 바란다.

② 메시지

상대방이 나와 같은 입장이 아니거나, 동일한 수준의 정보를 갖고 있지 않다는 전제에서 시작해야 한다. 새로운 용어 또는 전문 용어를 사용하게 되는 경우, 이를 명확하게 설명하는 과정이 필요하다. 상대방 입장에서 쉽게 이해할 수 있는 사례나 상징을 활용해야 한다.

목적에 따라 간결하고 명확하게 구성해야 한다. 상대방 입장에서 궁금해하거나 추측할 수 있는 상황이 없어야 한다. 메시지는 주장과 근거의 짜임새를 갖추어 논리성을 확보해야 한다. 객관적인 사실이나 이론, 경험, 데이터를 제시해야 효과적이다.

- 리모트 협업 상황에서의 업무적 소통 tip

① 계획 단계

협업 프로젝트 초기 단계에 과업의 실행 담당자 모두를 초대하여 명확한 정보를 공유해야 한다. 목적과 목표, 추진 방법, 주요 일정 등에 대한 내용을 동일한 수준으로 이해할 수 있도록 설명해야 한다. 결과물을 설명할 때, 구체적인 이미지Prototypes로 제시하는 것이 효과적이다.

정확한 숫자를 사용하여 산출물의 기대 수준을 제시해야 한다. 그래야 오해나 다른 해석을 할 여지를 없앨 수 있다. 특히 납기와 약속 시간을 전달할 때 '10분 단위'로 상세하게 구분하여 제시하면 집중도와 준수율이 높아진다.

② 진척도 점검 단계

협업 프로젝트의 상황은 변동 가능성이 높으며, 시간이 제한되어 있다는 특징을 갖고 있다. 그러므로 협업 팀 내부의 일정과 진척 상황을 자주 소통해야 한다. 팀원들에게 최대한 프로젝트와 관련한 정보를 더 많이, 자주 공유해 주어야 한다. 물리적 자원보다 데이터와 맥락적 정보가 훨씬 큰 도움이 될 수 있다.

소통 빈도를 높이기 위해서는 소통의 형식을 간소화하거나 없애는 것이 필요하다. 딱딱한 형식의 보고서보다는 가벼운 대화를 통해서 소통하는 것도 방법이다. 리모트 업무 환경을 고려한 협업 프로그램을 사용하면, 팀원 상호 간의 관심을 높이고 양방향 소통을 촉진할 수 있다.

③ 결과 피드백 단계

WBS 계획상 특정 과업이 종료되었을 때, 또는 마일스톤 결과를 보고하게 될 때 리뷰하는 시간은 꼭 필요하다. 이때 경험을 학습으로 만들기 위한 소통을 진행할 수 있다. 개선과 보완이 필요한 상황이라면, 부담스러운 장면이 될 수도 있다. 그러므로 협업 팀의 리더는 구체적인 피드백 일정을 미리 공지해야 한다. 상대방 입장에서 심리적 준비를 위한 존중을 표현하는 방법이기도 하다.

피드백의 주제에 따라서 개선과 행동 변화를 요청할 상황이라면 최대한 대면을 추구하되 어려운 상황이라면 적어도 '화상 회의 채널'을 선택해야 한다. 일방적 소통은 지양해야 한다. 피드백 이후에는 반드시 구성원의 의견을 물어봐야 한다. 구성원 입장에서 소명이나 변명할 기회를 제공해야 한다. 구체적 개선 과제 또는 후속 조치가 있는 경우에 대해서는, 구성원에게 가능한 일정을 묻고 명확히 약속하는 과정이 필요하다.

협업 팀의 리더 입장에서 문제 상황에 대한 피드백을 제공하는 스킬은 이후에 보다 상세하게 다루겠다.

2

정보 전달과 설득력을 높이는 스토리텔링 스킬

사람들은 선생님이 말씀하시는 딱딱한 정답에는 집중하지 못한다. 그러나 약장수의 재미있는 주관적 주장에는 오랫동안 주의를 기울이기 마련이다. 왜 그럴까? 이유는 간단한다. 재미있기 때문이다. 이야기의 전개가 궁금하기 때문이다. 주인공의 입장에 몰입하게 되고 공감하게 된다.

선생님이 설명하는 지극히 옳은 객관적 사실의 메시지는 학생들의 시선과 마음을 열기 쉽지 않다. 듣는 학생 입장에서는 맞는 말이지만 듣기 싫다는 식의 잔소리로 폄하할 수 있다. 반면 약장수의 이야기는 설득력이 높다. 진정성을 전달하는 '감정'을 효과적으로 매개하기 때문이다. 이를 '스토리텔링'이라 부른다.

- 1 대 다수의 소통 상황에 효과적으로 활용되는 스토리텔링

협업 프로젝트 추진 상황에서는 리더가 전체 팀원들을 대상으로 메시지를 전달하는 상황이 종종 있다. 평소 표현력이 서툴고, 남들 앞에서 이야기하는 것을 불편하게 여기더라도 리더가 반드시 수행해야 한다. 이때 앞서 살펴본 바와 같이, '이 정도는 충분히 알고 있을 것'이라는 전제를 버리고 접근해야 한다.

주로 객관적 사실을 있는 그대로 전달하는 수준이라면, 이메일이나 자료 회람 방식을 활용할 수 있다. 협업 팀원들의 공감대와 구체적인 실행이 더욱 중요한 상황이라면 스토리텔링 방식을 활용하는 것이 효과적이다.

일반적으로 업무적 상황에서 실행력이 낮은 이유는 '몰라서 못하는 경우보다, 알지만 깊이 공감 또는 납득되지 않아서'이다. 그러므로 결론 중심의 핵심만 간결하게 전달하는 것보다는 구체적인 배경과 영향, 예상되는 질문에 대한 설명, 쉽고 명확한 이해를 높이는 '스토리텔링 방식'이 효과적이다.

스토리텔링은 상대방에게 전달하는 메시지를 재미있고 생생한 이야기 방식으로 설득력 있게 전달하는 소통 방법이다. 그러므로 스토리텔링 스킬은 협업 팀의 다양한 이해관계자를 설득해야 하는 리더에게 효과적인 소통 전략이 될 수 있다.

스토리텔링은 특정한 상황 또는 성과 등의 주제에 대해 다양한 관점에서 '의미를 부여하는 메시지'를 전달하는 방식이다.

- 이 일이 왜 중요한가?
- 이 일이 기존의 사례 또는 경험과 무엇이 다른가?
- 이 일의 끝 그림, 아웃풋 이미지는 무엇인가?
- 이 일이 주는 혜택은 무엇인가?(납기, 품질, 비용, 성장, 프로세스

차원)

- 이 일이 장기적 관점에서 시사하는 의미는 무엇인가?

- 스토리텔링이 필요한 상황은 언제인가?

팀 발달 단계에 대한 내용을 떠올려보면, 협업 팀의 리더가 개입하는 빈도와 방식을 줄여가는 것으로 이해할 수 있다.

협업을 시작하는 상황, 협업 기회를 제안하는 상황을 떠올려 보기 바란다. 협업은 원대한 목표에 대한 열망을 위해 시작되기 마련이다. 혼자서는 할 수 없는 설레는 목표를 이루고자 하는 강한 열망을 자극받았기 때문이다. 협업 팀의 리더는 협업 기회를 제안하고 유도하는 과정에서 'Why, What, How'에 대한 충분한 메시지를 제공해야 한다.

메시지는 짧은 핵심으로는 부족하다. 상대방 입장에서 감성적으로 공감하고, 이성적으로 합의할 수 있도록 이끌어야 한다.

공감을 이끌기 위해서는 상대방 입장에서 익숙한 사례와 비유를 들어서 설명해야 한다. 쉬운 용어와 이미지를 떠올릴 수 있도록 구체적이어야 한다. 다섯 가지 감각 기관을 통해 직접 체험하는 듯한 설명이 효과적이다.

상대방이 확신하고 행동하도록 이끌기 위해서는 '성공 사례'에 대한 내용이 효과적이다. 나와 우리에게 적용할 수 있어야 한다.

다양한 집단지성을 발휘하는 워크숍 상황을 떠올려 보자. 리더는 이때 퍼실리테이터 역할을 수행한다. 워크숍 도입부에, 함께 논의할 주제에 대한 배경 정보를 충실하게 전달해야 한다.

추진 과정에 대한 진척도를 공유하는 상황을 떠올려 보자. 군인들이 행군을 하는 상황이었다. 한 명도 낙오 없이 도착한 중대의 리더는 행군 도중 휴식 시간마다 목적지와 현재 위치를 지속적으로 업데이트 하는 정보를 제공하였다. 반면 낙오자가 다수 발생한 중대에서는 '최선을 다하라' 정도의 막연한 이야기만 전달할 뿐, 중대의 목표와 진척도에 대한 정보는 제공하지 않았다.

협업 팀의 목표에 얼마나 가까워졌는지, 앞으로 얼마나 더 가야 하는지를 알 수 있도록 설명해야 한다. 그 과정에 이룬 성취에 대해서도 적극적으로 칭찬하고, 확산을 유도해야 한다. 작은 성공Small Win을 전체 팀원들에게 확산 적용할 수 있도록 구체적인 기대치를 전달하는 것이 효과적이다.

객관적 사실을 넘어, 그것이 이루어질 수 있다는 믿음을 갖게 하는 스토리가 중요하다. 동일하거나 유사한 사례를 소개함으로써 '자신감과 확신'을 전달할 수 있다.

3

1 on 1 미팅을 진행하는 스킬

- 1 on 1 미팅이란?

정기적으로 1 on 1을 진행하는 것이 가장 효과적이다. 특히 리더와 구성원의 정기적인 면담의 경우 예측 가능성을 높여 주기 때문에 심리적 안전감과 신뢰 형성에 효과적이다.

리더 입장에서는 구성원에게 자신의 기대치를 전달하고, 피드백을 주고받을 기회가 된다. 구성원 입장에서도 자신이 열심히 일하고 있음을 어필할 수 있다. 게다가 목표 달성 과정에 필요한 자원과 장애 요인에 대한 지원을 요청할 수 있는 기회가 되기도 한다. 보다 효과적인 1 on 1 진행을 위한 Tip을 몇 가지 제시하면 다음과 같다.

- 미팅 일정을 상대방이 결정하도록 제안하라.(2개 이상의 옵션)
- 예상하지 못한 긴급 업무로 약속을 지키기 어려울 때, 양해를 구하고 취소하지 말고 반드시 순연 일정을 다시 정하라.
- 연속으로 2번 이상 미루거나, 취소하지 말라.
- 협업 팀원 모두와 하되, 균형적으로 실시하라.
- 가능하다면, 정기적으로 실시하라.
- 사전에 양해를 구하고 중요 후속 이행 사항을 기록하라.
- 독립된 공간에서 30분 이상의 연속된 시간을 확보하라.
- 협업 팀 리더의 권한이 아니라, 구성원에 대한 의무임을 기억하라.

- 협업 팀원의 문제 행동에 대한 개선의 피드백, 마음부터 열어라!

리더는 협업 팀 고유의 바람직한 문화, 약속을 위반하는 문제 행동을 보이는 팀원에 대해서 구체적인 피드백을 제공해야 한다. 규칙의 생명력을 유지하기 위해 꼭 필요한 행동이고, 협업 팀의 공정성을 확보하기 위한 방법이기도 하다.

코칭은 장기적 관점에서 역량 향상에 초점을 두지만, 피드백은 단기적 관점에서 성과 행동의 구체적 변화에 초점을 둔다. 그러므로 문제 행동과 개선 행동 모두 구체적으로 알려주어야 한다. 여기에서 반드시 고려해야 하는 부분이 협업 팀원의 수용도이다. 방어기제가 작동되지 않도록 주의해야 한다.

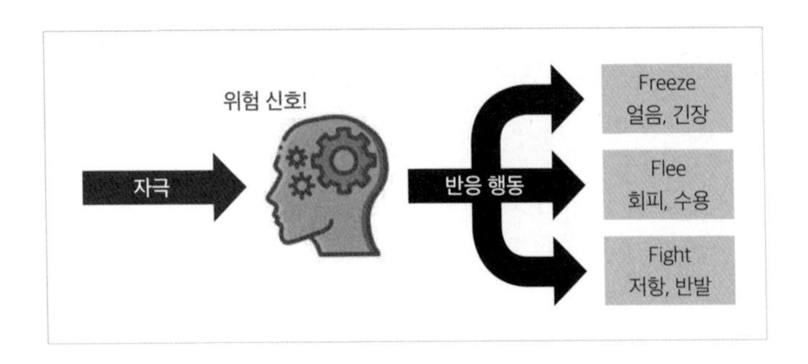

방어기제는 프로이트가 제시한 개념으로, 외부의 자극이 자신에게 위험이라고 느껴지는 상황에서 자신을 안전하게 보호하기 위한 무의식적 메커니즘이다. 이때 나타나는 반응을 크게 3가지로 구분할 수 있다.

첫째, 얼어버리는Freeze 것이다. 당황한 나머지, 잠시 멈추거나 당황하는 경우가 그것이다. 둘째, 그 자리를 빠르게 회피Flee하기 위한 행동을 하는 것이다. 빠르게 수용하는 태도를 보이거나, 주제를 다른 것으로 전환시키는 방식이 가장 보편적이다. 셋째, 맞서 싸우는fight 행동을 보이는 것이다. 부정적 태도를 넘어서 상대방의 잘못까지 지적하고 논쟁을 넘어서 갈등이 심화되기도 한다. 이처럼 형태는 다양하게 나타날 수 있지만, 불편한 상황으로부터 자신을 지키려는 공통된 모습이다.

상대방의 마음을 열고, 방어기제를 제거하기 위한 방법을 몇 가지 조언하자면 다음과 같다. 일단 가장 쉽지만 주의를 기울이지 않는 '표정'부터 관리해야 한다. 모든 인간은 시각 자극을 중심으로 가장 빠르게 판단을 내리곤 한다. 상대방의 입 모양과 눈동자는 무언의 메시지를 전달하는 매우 강력한 채널이다. 그러므로 편안한 표정과 미소를 지으며 대화를 시작해야 한다.

의도하지 않게 무의식적으로 드러나는 '불편한 말투'도 조심해야 한다. 특히 평가 및 판단의 뉘앙스가 반영되지 않도록 주의해야 한다. 예를 들어, "○○님은 역량이 부족하다. △△님은 주인의식이 낮다."와 같은 표현을 객관적 기술 방식으로 바꾸어야 한다. "○○님은 자료 분석 과정에서 3번의 중요한 실수를 했다." "△△님은 과제 추진 납기를 놓쳤을 뿐 아니라, 이를 극복하기 위한 별다른 조치를 취하지 않았다."와 같은 방식이 적절하다.

상대방이 더 많이 이야기를 할 수 있도록 효과적으로 질문하는 스킬이 필요하다. 참여를 유도하는 방식으로 보면, 1 대 다수가 참석한 워크숍 장면에서의 퍼실리테이션 질문 스킬과 유사하다. 상대방의 관심사를 잊지 않고 기억하고 있음을 표현하고, 근황에 대해 가벼운 질문을 하고 깊이 공감과 경청해야 한다.

상대방 입장에서 프라이버시를 침해하는 것은 피해야 한

다. 이슈 사항을 다루는 상황이라도 죄책감과 같은 불편한 감정을 유발하는 'Why' 질문은 자제하고, 이를 What 또는 How로 대체하는 것이 바람직하다. Why는 과거의 실수나 책임에 대한 내용을 다루는 뉘앙스를 주지만, What은 구체적인 행동이나 대상에 초점을 둔다. How의 경우, 과거보다는 미래의 대안에 초점을 두어야 한다.

- BEE 모델로 피드백하라!

협업 팀의 리더가 제공하는 피드백은 상대방의 행동에 대한 칭찬과 개선에 대한 2가지 목적으로 제공할 수 있다. BEE 모델은 모든 상황에 효과적으로 적용할 수 있다. 리더 입장에서 협업 팀원에게 '바람직한 기대 행동'이 무엇인지 구체적으로 인식시켜줄 수 있다.

① Behavior(관찰 행동 묘사)

상대방의 행동에 대한 관찰 또는 경험한 사실을 있는 그대로 묘사하게 되면 상대방은 쉽게 인정한다. 객관적 사실에 대한 이야기식 전개이므로, 방어기제가 작동하지 않는다.

예시)

"김 책임님! 지난 월요일 마일스톤 보고회 때, 상무님께서 장애 처리 결과에 대해서 질문했던 것 기억나시지요? 그때 김 책임님이 '그건 저희 담당이 아니라 모른다.'고 답했는데 기억나죠?"

"박대리님! 어제 외부업체 미팅에서, 협력업체 대표님께 '그렇게 하면 저희와 앞으로 같이 일 못 해요!'라고 언성을 높여 화낸 것 기억나죠?"

② Effect(관찰 행동의 영향 설명)

상대방의 행동이 지속될 경우, 발생하게 될 영향에 대해서 설명해준다. 다른 사람들의 예상 반응이나, 상대방에게 귀속되는 위험에 대해 알려주어야 한다. 문제 행동의 경우, 대부분 스스로 인지하지 못하거나 행동의 파급 효과가 심각할 것이라고 생각하지 않기 때문이다.

예시)

"상무님과 참석자들은 김 책임님이 무책임한 사람이라고 인식할 가능성이 높습니다."

"박 대리님이 갑질을 한다고 생각할 가능성이 높습니다."

③ Expectation(기대 행동)

상대방에게 기대하는 구체적인 대안 행동을 제시한다. 이때 'You 메시지'가 아니라 'I 메시지' 방식으로 전달한다. 상대방이 고압적 또는 위계적 지시라고 느끼지 않도록, 청유형으로 제시하는 것이 효과적이다.

예시)

"김 책임님! 리더인 제 입장에서는 우리의 책임이 아니더라도 정중히 사과부터 했으면 좋겠어요. 그렇게 해줄 수 있을까요?"

"박 대리님! 저는 협력사 분들을 존중해줬으면 좋겠어요. 화가 나더라도, 조금 더 정중한 방식으로 요구했으면 좋겠는데 가능하겠지요?"

앞선 사례는 문제 행동의 교정을 위한 목적에 적합한 상황을 제시한 것이다. 바람직한 행동에 대한 인정과 칭찬을 위한 목적에 적용하더라도 비슷하다.

예시)

"김 책임님! 지난번 제 휴가 중에 프로젝트 미팅을 주도적으로 운영해 주어서 고마웠습니다. 미안해서 부탁을 주저했는데, 프로젝트 이슈 해결에 큰 도움이 되었어요. 앞으로도 기회가 될 때마다 지금처럼 적극적으로 참여하고 주도해 주셔도 좋을 것 같습니다. 그래줄 수 있으시지요?”

4

협업 팀의 소통을 촉진하는 업무 환경 조성 방법

오고 가는 공간에서 우연히 마주치도록 설계된 구글 오피스

- 소통의 빈도와 협업 성과는 비례한다

업무적 소통과 관계적 소통 모두, '상대방을 존중하고 배려'하는 과정이다. 모든 인간은 사회적 관계를 통해서 존재

의 가치를 인정받게 된다. 팀을 통해서 시너지를 기대하는 과정에서 성공 요소로 살펴보았던 '신뢰'와 '명확성' 모두 추상적인 가치이지만, 구체적인 '소통'을 통해서 높일 수 있음을 꼭 기억해야 한다.

소통의 장벽이 곧 협업의 장벽이었음을 기억해 본다면, 그 빈도의 중요성에 공감할 거라 생각한다. 빈도를 높이기 위해서는 형식을 없애거나 간소화해야 한다. 그래야 쉽고 편해진다. 이를 위한 몇 가지 방법을 살펴보겠다.

- 약속한 시간에 함께 일하기!

함께 일하는 시간을 정해서 일하는 것이다. 머릿속 생각으로 알고 있는 것과 달리 눈으로 보고 느끼는 것의 효과는 훨씬 크다.

보험회사 세일즈맨들의 경우, 매주 정해진 시간에 팀 전체가 아웃바운드 콜드콜을 함께 진행하기도 한다. 콜드콜의 특성상 상당한 경우 'No'라는 거절을 주로 듣게 된다. 이때만큼 모두 큰 목소리로 전화통화를 한다. 보다 자신감 있게 고객을 설득한다. 동료들의 힘찬 목소리는 '동료애와 격려'

로 작용한다. 게다가 신규 영업사원에게는 선배들의 일하는 방식을 학습하고 자연스럽게 기존의 문화에 적응하는 기회가 된다.

만약 리모트 상황에서 작업을 하는 경우라도 가능하다. 약속된 시간에 화상 회의 프로그램에 접속한 상태에서, 각자의 공간에서 독립적 업무를 진행하는 것이다. 필요하면 함께 대화하듯 진행할 수 있다.

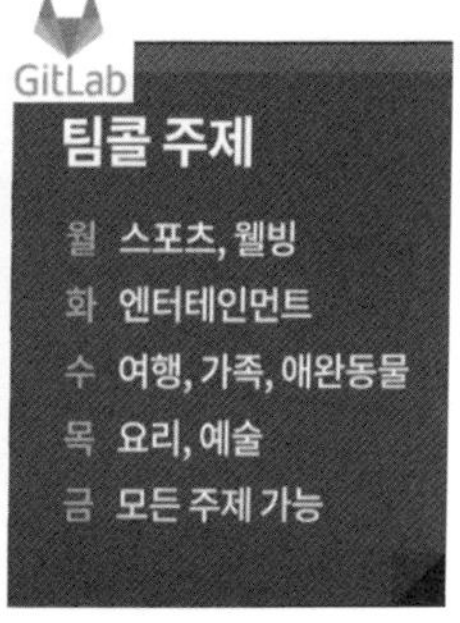

미국의 유명한 IT 기업 중 깃랩Gitlab이라는 회사는, 100% 리모트로 근무하는 회사이다. 회사에서는 구성원들 사이의 잡담과 소통을 적극 권장하고 있다. 이 중 우수 사례에 소개된 팀 중에는 매일 30분씩 주제를 정해 팀원들과 잡담하는 시간을 루틴으로 운영하는 경우가 있었다. 팀원들에게 자신의 관심사와 생각에 대한 설명을 통해 자기 노출을 자연스럽게 할 수 있게 되었고, 서로 '공감대'가 높아졌다. 자연스레 '협업과 성과'도 높아졌다.

- 근무하는 공간 설계 및 배치 활용!

외부의 물리적 공간이 커뮤니케이션을 촉진하는 매우 효과적인 전략이 될 수 있다. 마치 대형백화점과 쇼핑센터의 고객 동선을 설계하는 인테리어와 같은 개념이다. 인간은 소통 상황에서 다섯 가지 감각 기관 중 시각에 대한 의존도가 높기 때문이다. 실제로 말이나 글 없이도, 시각 정보만으로도 대부분의 정보를 습득할 수 있다.

따라서 이런 시각적 자극을 의도적으로 제공하는 것이 효과적인 전략이 된다. 구성원들에게 함께 소속감, 자부심 등을 느낄 수 있도록 감정을 유발하는 시각적 환경을 제공하는 것이다. 예를 들어, 파티션이 없는 책상으로 교체하는 것이다.

일터에서 다양한 사람들과 교류할 기회가 가장 많은 공간은 어디일까? 근무 공간인 사무실이 아니다. 오히려 화장실, 탕비실, 휴게실, 흡연 공간, 구내식당, 회의실, 출입구, 엘리베이터, 주차장이다.

픽사Pixar에는 화장실이 단 1개만 있다는 유명한 일화가 있다. 스티브 잡스의 독특한 경영 철학이 잘 반영된 것이다. 마찬가지로 스티브 잡스 인생의 마지막 걸작이라고 하는 실리콘밸리의 사옥을 건축하는 과정에서도 최대한 자연스런 소통을 할 수 있는 공간을 설계하도록 요구했다고 한다.

비슷한 예로 구글과 실리콘밸리의 거대 IT 기업들이 쉽고 빠르게 이동할 수 있는 엘리베이터 설치보다, 느린 에스컬레이터를 활용하도록 설계한 것은 주목할 필요가 있다. 이런 환경에서는 비슷한 동선을 오가면서, 우연히 만나게 되는 동료들과 가벼운 인사를 나누게 된다. 이후 평소 전화와 이메일을 통해서 협업했던 상대방이, 알고 보니 늘 자주 마주쳤던 이름 모를 동료였다는 사실을 확인하고 '친밀한 관계, 신뢰하는 관계'로 발전하기도 한다. 이때부터 일은 훨씬 수월하게 진행될 가능성이 높아진다.

이처럼 무의식적으로 접촉할 수 있는 빈도를 높이도록

설계하는 것도 좋다. 그 전제는 상대방에 대한 부정적 감정이 없어야 한다. '자주 보면 좋아진다'는 에펠탑 효과를 기억해 보라.

이상에서 살펴본 바와 같이, 협업의 성과는 '리더와 협업 팀원' 그리고 '팀원 간' 올바른 소통이 결정한다. 소통이 곧 '일하는 방식의 프로세스를 담아내는 형식'이 되고 협업 팀의 차별적인 '문화'가 된다.

리더는 다양한 상황에 적합한 효과적인 소통 전략을 선택해야 한다. 이를 위해 활용할 수 있는 소통 스킬이 여러 가지여야 한다. 일대일 커뮤니케이션 상황과 1 대 다수 상황에 따른 차이점을 고려한 1 on 1 면담 스킬, 스토리텔링 스킬, 퍼실리테이션 스킬은 성공적인 리더십 발휘에 꼭 필요하다.

지금까지 협업의 성공에 필요한 스킬에 대해서 상세하게 살펴보았다. 찐팀을 통해서 설정형 문제를 해결하는 프로젝트 수행의 모습에 필요한 내용들을 빠짐없이 다루었다. 새로운 시대에서는 디지털환경에 적합한 협업 스킬을 보유하지 못하면, 새로운 기회를 포착하거나 중대한 위험을 회피하기 어렵다.

누구도 경험해 보지 못했던 코로나19 팬데믹을 겪으며, 각자의 삶터와 일터의 관계가 약해졌다. 각자의 동굴 속에서 막연한 불안감을 극복하며 '위드 코로나 시대'를 맞이하고 있다. 이 또한 낯선 경험이다. 새로운 생활양식과 일하는 방식, 가치에 주목할 필요가 있다.

전통적인 고맥락 사회에서 불과 20개월 만에 각자도생의 저맥락 환경으로 급격히 바뀌게 되었다. 1980년대 이후 세계는 일본을 비롯 동양의 약진에 주목했고, 그 저력은 '집단지향성'을 기반으로 하는 끊임없는 개선과 학습 활동이었다. 서양이 우리 동양의 장점에 주목했던 시간 동안, 우리 사회는 서양이 반성하던 모습을 빠르게 도입한 셈이다.

우리는 상호 신뢰 확보를 중요하게 여기고, 장기적 관점에 협력하는 것을 미덕으로 여겼다. 팬데믹 덕분에 '상호의존성'과 '협력'의 가치를 다시 인식하는 계기가 되었다. 서구의 분석적이고 과학적 접근은 '명확성과 정교화'라는 장점이 있다. 과거 두루뭉술하지만 열심히 일하는 노력을 통해 극복하던 것에서, 체계적으로 관리하는 것이 보다 효율적이라는 사실을 경험하고 있다.

정답 없는 인간과 사회에서는 그 시대의 상황에 적합한 모범답안을 이끌어 내는 것이 중요하다. 진리에 가까워지려면 양 끝단을 알아야 한다고 했다. 정반합의 이질적 대립을, 대화와 토론 그리고 타협과 절충을 통해 새로운 것으로 융합해 나름의 해결 방안을 정립할 것이라 믿는다.

시간과 공간 그리고 인간의 모든 장벽을 극복한 경험을 가진 우리이다. 그러나 인간이 구성하고 있는 사회의 본질은 '공감과 합의'를 이끄는 상호작용이 가장 중요하다는 점을 놓쳐서는 안 된다.

이제 다시 일터와 삶터에서 동료와 공유할 수 있는 기회의 가치를 담아내는 형식에 주목해야 한다. 더 나은 세상을 이루기 위한 최고의 방법은 '협력'이고 이를 구체화하는 형식이 '팀을 통한 협업 프로젝트 수행'이라는 점을 다시 강조하고 싶다.

개인과 집단 차원에서 다양한 협력이 더욱 증가했으면 좋겠다. 이를 이끄는 '신뢰와 명확성'을 높이기 위한 관리 방법과 소통의 기술이 보편화되기를 기대해 본다. 부디 모든 사람들이 자신이 바라는 열망을 실현하기 위해, 다양한 형태의 협업을 즐겁게 하기를 응원해 본다.

참고자료

- 로버트 액설로드. "협력의 진화". 이경식 옮김. 시스테마, 2009
- 리차드 해크먼. "The design of work teams". 《Handbook of Organizational Behavior》, 1987
- 마이클포터. "마이클 포터의 경쟁전략", 미래경제연구소 옮김, 프로제, 2018
- 박진웅 외. "건설프로젝트의 핵심성공요인 도출에 관한 연구". 대한토목학회 정기학술대회, 2011
- 알렉산더 오스터왈더 · 예스 피그누어. "비즈니스 모델의 탄생", 유효상 옮김, 타임비즈, 2011
- 에드워드 홀. "침묵의 언어". 최효선 옮김. 한길사, 2000
- 오철호 · 고숙희. "협력적 거버넌스 구축 및 운영에 관한 연구". 한국사회와 행정연구, 2017
- 이상곤 · 조성봉. "AHP기법을 이용한 제조혁신을 위한 온라인 협업의 성공요인에 관한 연구". 한국IT서비스학회지, 2011
- 카젠바흐 · 스미스. "The Wisdom of Teams: Creating the High–performance Organisation", Harvard Business School, Boston, 1993
- 콜브. "Experiential Learning: Experience As The Source Of Learning And Development". Prentice–Hall, 1984
- 터크만. "Developmental sequence in small groups". Psychological Bulletin, 1965

- 토마스·킬만. "Thomas-Kilmann Conflict Mode Instrument". CPP, Inc. 2007
- 채홍미, "소통, 공룡을 표범처럼 날렵하게 만든다", 동아비즈니스리뷰 152호, 2014
- 한국교육심리학회. "교육심리학용어사전". 학지사, 2000
- 한국여성정책연구원. 공공복지전달체계 개편과 여성가족 복지전달체계의 협력적 운영방안 연구, 2017
- 한국행정연구원. "부처간 협업강화를 위한 평가제도 개선방안", 2016
- 한센. "콜라보레이션". 이장원, 김대환, 안정호 공역. 교보문고, 2011
- "PMBOK(Project Management Body of Knowledge) Sixth edition" 한글판. Project Management Institute, 2017
- "Guide: Understand team effectiveness", rework.withgoogle.com. Nov7, 2021, https://rework.withgoogle.com/print/guides/5721312655835136/.
- "5 attributes of successful teams". Microsoft.com. Nov 19, 2019, accessed Nov 7, 2021, https://www.microsoft.com/en-us/microsoft-365/blog/2019/11/19/5-attributes-successful-teams/.

긱 이코노미 시대의 리더와 찐팀이 일하는 방식, 협업

초판 1쇄 발행 2021년 12월 1일

지은이 이치민
펴낸이 김혜은, 정필규
마케팅 정필규
편　집 김신희, 김정웅
디자인 롬디

펴낸곳 피플벨류HS
출판등록 2017년 10월 11일 제 2017-000065호
주　소 (10126) 경기도 김포시 고촌읍 장차로5번길 5-25, 5층 584-1호(엔타운)
문　의 010-3449-2136
팩　스 0504-365-2136
납품 이메일 haneunfeel@gmail.com
일반문의 이메일 pvhs0415@naver.com

ISBN 979-11-962126-7-4　03320
값 17,000원